最新法律文件解读丛书

行政与执行法律文件解读

XINGZHENG YU ZHIXING FALÜ WENJIAN JIEDU

人民法院出版社　编

总第234辑　2024.06

人民法院出版社

图书在版编目（CIP）数据

行政与执行法律文件解读. 总第234辑 / 人民法院出版社编. -- 北京 : 人民法院出版社, 2024. 10. -- (最新法律文件解读丛书). -- ISBN 978-7-5109-4246-4

Ⅰ. D922.105

中国国家版本馆CIP数据核字第2024XM4297号

行政与执行法律文件解读·总第234辑

人民法院出版社　编

责任编辑　丁塞峨
出版发行　人民法院出版社
地　　址　北京市东城区东交民巷27号　邮编　100745
电　　话　(010)67550656(责任编辑)　67550558(发行部查询)
　　　　　　65223677(读者服务部)
客服QQ　2092078039
网　　址　http://www.courtbook.com.cn
E - mail　courtbook@sina.com
印　　刷　三河市国英印务有限公司
经　　销　新华书店
开　　本　787毫米×1092毫米　1/16
字　　数　115千字
印　　张　8
版　　次　2024年10月第1版　　2024年10月第1次印刷
书　　号　ISBN 978-7-5109-4246-4
定　　价　28.00元

卷首语

新修订的《中华人民共和国保守国家秘密法》（以下简称保密法）进一步健全了保密管理体制机制，完善了保密管理制度。为深入贯彻党中央关于保密工作的决策部署，进一步细化保密法有关制度规定，明确保密法具体实施举措，《中华人民共和国保守国家秘密法实施条例》（以下简称《条例》）进行了修订。修订后的《条例》在定密管理、网络信息和数据保密管理、涉密人员管理等方面作了细化，对加强保密科学技术创新和防护方面作出了规定，本辑“行政法规、法规性文件与解读”栏目收录了《条例》及其答记者问，让读者深入了解《条例》的修订背景、总体思路、主要内容等，方便读者领会《条例》的精神与精髓。

2024 年 8 月 7 日，最高人民法院发布了《关于正确确定强制拆除行政诉讼案件被告及起诉期限的批复》。该批复的发布，对及时正确确定强制拆除行为引发的行政诉讼案件被告，防止程序空转，实质解决争议，及时高效保障人民群众合法权益，监督行政机关依法行使强制拆除职权，将发挥积极作用。本辑“司法解释、司法指导性文件与解读”栏目收录了该批复及其解读，帮助读者进一步明确其制定背景、遵循的基本原则和主要内容，也便于各级人民法院正确理解、贯彻。

本辑“指导案例、典型案例与解读”栏目收录了检察监督与生态环境执法协同推进长江保护修复典型案例、文物和文化遗产保护检察公益诉讼典型案例，对办理类案有重要指导意义。

最新法律文件解读丛书
编　辑　部

兰丽专　（010）67550626

丁丽娜　（010）67550608

杨晓燕　（010）67550508

杨　洁　（010）67550562

路建华　（010）67550660

丁塞峨　（010）67550656

投稿邮箱：

《刑事法律文件解读》　5184621@ qq. com

《民事法律文件解读》　1216921515@ qq. com

《商事法律文件解读》　shangshijiedu@ 126. com

《行政与执行法律文件解读》　1290312696@ qq. com

目录

行政法规、法规性文件与解读

司法解释、司法指导性文件与解读

指导案例、典型案例与解读

新类型疑难案例选评

行政法规、法规性文件与解读

中华人民共和国保守国家秘密法实施条例

（2014 年 1 月 17 日中华人民共和国国务院令第 646 号公布
2024 年 7 月 10 日中华人民共和国国务院令第 786 号修订）

第一章 总 则

第一条 根据《中华人民共和国保守国家秘密法》（以下简称保密法）的规定，制定本条例。

第二条 坚持和加强中国共产党对保守国家秘密（以下简称保密）工作的领导。

中央保密工作领导机构领导全国保密工作，负责全国保密工作的顶层设计、统筹协调、整体推进、督促落实。

地方各级保密工作领导机构领导本地区保密工作，按照中央保密工作领导机构统一部署，贯彻落实党和国家保密工作战略及重大政策措施，统筹协调保密重大事项和重要工作，督促保密法律法规严格执行。

第三条 国家保密行政管理部门主管全国的保密工作。县级以上地方各级保密行政管理部门在上级保密行政管理部门指导下，主管本行政区域的保密工作。

第四条 中央国家机关在其职权范围内管理或者指导本系统的保密

工作，监督执行保密法律法规，可以根据实际情况制定或者会同有关部门制定主管业务方面的保密规定。

第五条 国家机关和涉及国家秘密的单位（以下简称机关、单位）不得将依法应当公开的事项确定为国家秘密，不得将涉及国家秘密的信息公开。

第六条 机关、单位实行保密工作责任制，承担本机关、本单位保密工作主体责任。机关、单位主要负责人对本机关、本单位的保密工作负总责，分管保密工作的负责人和分管业务工作的负责人在职责范围内对保密工作负领导责任，工作人员对本岗位的保密工作负直接责任。

机关、单位应当加强保密工作力量建设，中央国家机关应当设立保密工作机构，配备专职保密干部，其他机关、单位应当根据保密工作需要设立保密工作机构或者指定人员专门负责保密工作。

机关、单位及其工作人员履行保密工作责任制情况应当纳入年度考评和考核内容。

第七条 县级以上人民政府应当加强保密基础设施建设和关键保密科学技术产品的配备。

省级以上保密行政管理部门应当推动保密科学技术自主创新，促进关键保密科学技术产品的研发工作，鼓励和支持保密科学技术研究和应用。

第八条 保密行政管理部门履行职责所需的经费，应当列入本级预算。机关、单位开展保密工作所需经费应当列入本机关、本单位的年度预算或者年度收支计划。

第九条 保密行政管理部门应当组织开展经常性的保密宣传教育。干部教育培训主管部门应当会同保密行政管理部门履行干部保密教育培训工作职责。干部教育培训机构应当将保密教育纳入教学体系。教育行政部门应当推动保密教育纳入国民教育体系。宣传部门应当指导鼓励大众传播媒介充分发挥作用，普及保密知识，宣传保密法治，推动全社会增强保密意识。

机关、单位应当定期对本机关、本单位工作人员进行保密工作优良传统、保密形势任务、保密法律法规、保密技术防范、保密违法案例警示等方面的教育培训。

第十条 保密行政管理部门应当按照国家有关规定完善激励保障机制，加强专门人才队伍建设、专业培训和装备配备，提升保密工作专业化能力和水平。教育行政部门应当加强保密相关学科专业建设指导和支持。

第十一条 对有下列表现之一的组织和个人，应当按照国家有关规定给予表彰和奖励：

（一）在危急情况下保护国家秘密安全的；

（二）在重大涉密活动中，为维护国家秘密安全做出突出贡献的；

（三）在保密科学技术研发中取得重大成果或者显著成绩的；

（四）及时检举泄露或者非法获取、持有国家秘密行为的；

（五）发现他人泄露或者可能泄露国家秘密，立即采取补救措施，避免或者减轻危害后果的；

（六）在保密管理等涉密岗位工作，忠于职守，严守国家秘密，表现突出的；

（七）其他在保守、保护国家秘密工作中做出突出贡献的。

第二章　国家秘密的范围和密级

第十二条 国家秘密及其密级的具体范围（以下称保密事项范围）应当明确规定国家秘密具体事项的名称、密级、保密期限、知悉范围和产生层级。

保密事项范围应当根据情况变化及时调整。制定、修订保密事项范围应当充分论证，听取有关机关、单位和相关行业、领域专家的意见。

第十三条 有定密权限的机关、单位应当依据本行业、本领域以及相关行业、领域保密事项范围，制定国家秘密事项一览表，并报同级保密行政管理部门备案。国家秘密事项一览表应当根据保密事项范围及时修订。

第十四条 机关、单位主要负责人为本机关、本单位法定定密责任人，根据工作需要，可以明确本机关、本单位其他负责人、内设机构负责人或者其他人员为指定定密责任人。

定密责任人、承办人应当接受定密培训，熟悉定密职责和保密事项范围，掌握定密程序和方法。

第十五条 定密责任人在职责范围内承担国家秘密确定、变更和解除工作，指导、监督职责范围内的定密工作。具体职责是：

（一）审核批准承办人拟定的国家秘密的密级、保密期限和知悉范围；

（二）对本机关、本单位确定的尚在保密期限内的国家秘密进行审核，作出是否变更或者解除的决定；

（三）参与制定修订本机关、本单位国家秘密事项一览表；

（四）对是否属于国家秘密和属于何种密级不明确的事项先行拟定密级、保密期限和知悉范围，并按照规定的程序报保密行政管理部门确定。

第十六条 中央国家机关、省级机关以及设区的市级机关可以根据保密工作需要或者有关机关、单位申请，在国家保密行政管理部门规定的定密权限、授权范围内作出定密授权。

无法按照前款规定授权的，省级以上保密行政管理部门可以根据保密工作需要或者有关机关、单位申请，作出定密授权。

定密授权应当以书面形式作出。授权机关应当对被授权机关、单位履行定密授权的情况进行监督。被授权机关、单位不得再授权。

中央国家机关、省级机关和省、自治区、直辖市保密行政管理部门作出的定密授权，报国家保密行政管理部门备案；设区的市级机关作出的定密授权，报省、自治区、直辖市保密行政管理部门备案。

第十七条 机关、单位应当在国家秘密产生的同时，由承办人依据有关保密事项范围拟定密级、保密期限和知悉范围，报定密责任人审核批准，并采取相应保密措施。

机关、单位对应当定密但本机关、本单位没有定密权限的事项，先行采取保密措施，并依照法定程序，报上级机关、单位确定；没有上级机关、单位的，报有定密权限的业务主管部门或者保密行政管理部门确定。

机关、单位确定国家秘密，能够明确密点的，按照国家保密规定确定并标注。

第十八条 机关、单位执行上级确定的国家秘密事项或者办理其他机关、单位确定的国家秘密事项，有下列情形之一的，应当根据所执行、办理的国家秘密事项的密级、保密期限和知悉范围派生定密：

（一）与已确定的国家秘密事项完全一致的；

（二）涉及已确定的国家秘密事项密点的；

（三）对已确定的国家秘密事项进行概括总结、编辑整合、具体细化的；

（四）原定密机关、单位对使用已确定的国家秘密事项有明确定密要求的。

第十九条 机关、单位对所产生的国家秘密，应当按照保密事项范围的规定确定具体的保密期限或者解密时间；不能确定的，应当确定解密条件。

国家秘密的保密期限，自标明的制发日起计算；不能标明制发日的，确定该国家秘密的机关、单位应当书面通知知悉范围内的机关、单位和人员，保密期限自通知之日起计算。

第二十条 机关、单位应当依法限定国家秘密的知悉范围，对知悉机密级以上国家秘密的人员，应当作出记录。

第二十一条 国家秘密载体以及属于国家秘密的设备、产品（以下简称密品）的明显部位应当作出国家秘密标志。国家秘密标志应当标注密级、保密期限。国家秘密的密级或者保密期限发生变更的，应当及时对原国家秘密标志作出变更。

无法作出国家秘密标志的，确定该国家秘密的机关、单位应当书面通知知悉范围内的机关、单位和人员。

第二十二条 机关、单位对所确定的国家秘密，认为符合保密法有关解除或者变更规定的，应当及时解除或者变更。

机关、单位对不属于本机关、本单位确定的国家秘密，认为符合保密法有关解除或者变更规定的，可以向原定密机关、单位或者其上级机关、单位提出建议。

已经依法移交各级国家档案馆的属于国家秘密的档案，由原定密机关、单位按照国家有关规定进行解密审核。

第二十三条 机关、单位被撤销或者合并、分立的，该机关、单位所确定国家秘密的变更和解除，由承担其职能的机关、单位负责；没有相应机关、单位的，由其上级机关、单位或者同级保密行政管理部门指定的机关、单位负责。

第二十四条 机关、单位发现本机关、本单位国家秘密的确定、变更和解除不当的，应当及时纠正；上级机关、单位发现下级机关、单位国家秘密的确定、变更和解除不当的，应当及时通知其纠正，也可以直接纠正。

第二十五条 机关、单位对符合保密法的规定，但保密事项范围没有规定的不明确事项，应当先行拟定密级、保密期限和知悉范围，采取相应的保密措施，并自拟定之日起 10 个工作日内报有关部门确定。拟定为绝密级的事项和中央国家机关拟定的机密级、秘密级的事项，报国家保密行政管理部门确定；其他机关、单位拟定的机密级、秘密级的事项，报省、自治区、直辖市保密行政管理部门确定。

保密行政管理部门接到报告后，应当在10个工作日内作出决定。省、自治区、直辖市保密行政管理部门还应当将所作决定及时报国家保密行政管理部门备案。

第二十六条 机关、单位对已确定的国家秘密事项是否属于国家秘密或者属于何种密级有不同意见的，可以向原定密机关、单位提出异议，由原定密机关、单位作出决定。

机关、单位对原定密机关、单位未予处理或者对作出的决定仍有异议的，按照下列规定办理：

（一）确定为绝密级的事项和中央国家机关确定的机密级、秘密级的事项，报国家保密行政管理部门确定；

（二）其他机关、单位确定的机密级、秘密级的事项，报省、自治区、直辖市保密行政管理部门确定；对省、自治区、直辖市保密行政管理部门作出的决定有异议的，可以报国家保密行政管理部门确定。

在原定密机关、单位或者保密行政管理部门作出决定前，对有关事项应当按照主张密级中的最高密级采取相应的保密措施。

第三章 保密制度

第二十七条 国家秘密载体管理应当遵守下列规定：

（一）制作国家秘密载体，应当由本机关、本单位或者取得国家秘密载体制作、复制资质的单位承担，制作场所、设备应当符合国家保密规定；

（二）收发国家秘密载体，应当履行清点、编号、登记、签收手续；

（三）传递国家秘密载体，应当通过机要交通、机要通信或者其他符合国家保密规定的方式进行；

（四）阅读、使用国家秘密载体，应当在符合国家保密规定的场所进行；

（五）复制国家秘密载体或者摘录、引用、汇编属于国家秘密的内容，应当按照规定报批，不得擅自改变原件的密级、保密期限和知悉范围，复制件应当加盖复制机关、单位戳记，并视同原件进行管理；

（六）保存国家秘密载体的场所、设施、设备，应当符合国家保密规定；

（七）维修国家秘密载体，应当由本机关、本单位专门技术人员负责。确需外单位人员维修的，应当由本机关、本单位的人员现场监督。确需在本机关、本单位以外维修的，应当符合国家保密规定；

（八）携带国家秘密载体外出，应当符合国家保密规定，并采取可靠的保密措施。携带国家秘密载体出境，应当按照国家保密规定办理审批手续；

（九）清退国家秘密载体，应当按照制发机关、单位要求办理。

第二十八条 销毁国家秘密载体，应当符合国家保密规定和标准，确保销毁的国家秘密信息无法还原。

销毁国家秘密载体，应当履行清点、登记、审批手续，并送交保密行政管理部门设立的工作机构或者指定的单位销毁。机关、单位因工作需要，自行销毁少量国家秘密载体的，应当使用符合国家保密标准的销毁设备和方法。

第二十九条 绝密级国家秘密载体管理还应当遵守下列规定：

（一）收发绝密级国家秘密载体，应当指定专人负责；

（二）传递、携带绝密级国家秘密载体，应当两人以上同行，所用包装应当符合国家保密规定；

（三）阅读、使用绝密级国家秘密载体，应当在符合国家保密规定的指定场所进行；

（四）禁止复制、下载、汇编、摘抄绝密级文件信息资料，确有工作需要的，应当征得原定密机关、单位或者其上级机关同意；

（五）禁止将绝密级国家秘密载体携带出境，国家另有规定的从其规定。

第三十条 机关、单位应当依法对密品的研制、生产、试验、运输、使用、保存、维修、销毁等进行管理。

机关、单位应当及时确定密品的密级和保密期限，严格控制密品的接触范围，对放置密品的场所、部位采取安全保密防范措施。

绝密级密品的研制、生产、维修应当在符合国家保密规定的封闭场所进行，并设置专门放置、保存场所。

密品的零件、部件、组件等物品，涉及国家秘密的，按照国家保密规定管理。

第三十一条 机关、单位应当依法确定保密要害部门、部位，报同级保密行政管理部门确认，严格保密管理。

第三十二条 涉密信息系统按照涉密程度分为绝密级、机密级、秘密级。机关、单位应当根据涉密信息系统存储、处理信息的最高密级确定保护等级，按照分级保护要求采取相应的安全保密防护措施。

第三十三条 涉密信息系统应当由国家保密行政管理部门设立或者授权的机构进行检测评估，并经设区的市级以上保密行政管理部门审查合格，方可投入使用。

公安机关、国家安全机关的涉密信息系统测评审查工作按照国家保密行政管理部门会同国务院公安、国家安全部门制定的有关规定执行。

第三十四条 机关、单位应当加强信息系统、信息设备的运行维护、使用管理，指定专门机构或者人员负责运行维护、安全保密管理和安全审计，按照国家保密规定建设保密自监管设施，定期开展安全保密检查和风险评估，配合保密行政管理部门排查预警事件，及时发现并处置安全保密风险隐患。

第三十五条 机关、单位应当按照国家保密规定，对绝密级信息系统每年至少开展一次安全保密风险评估，对机密级及以下信息系统每两年至少开展一次安全保密风险评估。机关、单位涉密信息系统的密级、使用范围和使用环境等发生变化可能产生新的安全保密风险隐患的，应当按照国家保密规定和标准采取相应防护措施，并开展安全保密风险评估。

涉密信息系统中使用的信息设备应当安全可靠，以无线方式接入涉密信息系统的，应当符合国家保密和密码管理规定、标准。

涉密信息系统不再使用的，应当按照国家保密规定和标准对相关保密设施、设备进行处理，并及时向相关保密行政管理部门备案。

第三十六条 研制、生产、采购、配备用于保护国家秘密的安全保密产品和保密技术装备应当符合国家保密规定和标准。

国家鼓励研制生产单位根据保密工作需要，采用新技术、新方法、新工艺等创新安全保密产品和保密技术装备。

第三十七条 研制生产单位应当为用于保护国家秘密的安全保密产品和保密技术装备持续提供维修维护服务，建立漏洞、缺陷发现和处理机制，不得在安全保密产品和保密技术装备中设置恶意程序。

研制生产单位可以向国家保密行政管理部门设立或者授权的机构申请对安全保密产品和保密技术装备进行检测，检测合格的，上述机构颁发合格证书。研制生产单位生产的安全保密产品和保密技术装备应当与送检样品一致。

第三十八条 国家保密行政管理部门组织其设立或者授权的机构开展用于保护国家秘密的安全保密产品和保密技术装备抽检、复检，发现不符合国家保密规定和标准的，应当责令整改；存在重大缺陷或者重大泄密隐患的，应当责令采取停止销售、召回产品等补救措施，相关单位应当配合。

第三十九条 网络运营者应当遵守保密法律法规和国家有关规定，建立保密违法行为投诉、举报、发现、处置制度，完善受理和处理工作机制，制定泄密应急预案。发生泄密事件时，网络运营者应当立即启动应急预案，采取补救措施，并向保密行政管理部门或者公安机关、国家安全机关报告。

第四十条 网络运营者对保密行政管理部门依法实施的保密违法案件调查和预警事件排查，应当予以配合。

省级以上保密行政管理部门在履行保密监督管理职责中，发现网络存在较大泄密隐患或者发生泄密事件的，可以按照规定权限和程序对该网络运营者的法定代表人或者主要负责人进行约谈，督促其及时整改，消除隐患。

第四十一条 机关、单位应当加强对互联网使用的保密管理。机关、单位工作人员使用智能终端产品等应当符合国家保密规定，不得违反有关规定使用非涉密信息系统、信息设备存储、处理、传输国家秘密。

第四十二条 机关、单位应当健全信息公开保密审查工作机制，明确审查机构，规范审查程序，按照先审查、后公开的原则，对拟公开的信息逐项进行保密审查。

第四十三条 机关、单位应当承担涉密数据安全保护责任，涉密数据收集、存储、使用、加工、传输、提供等处理活动应当符合国家保密规定。

省级以上保密行政管理部门应当会同有关部门建立动态监测、综合评估等安全保密防控机制，指导机关、单位落实安全保密防控措施，防范数据汇聚、关联引发的泄密风险。

机关、单位应当对汇聚、关联后属于国家秘密事项的数据依法加强安全管理，落实安全保密防控措施。

第四十四条 机关、单位向境外或者向境外在中国境内设立的组织、机构提供国家秘密，任用、聘用的境外人员因工作需要知悉国家秘密的，应当按照国家保密规定办理，进行审查评估，签订保密协议，督促落实保密管理要求。

第四十五条　举办会议或者其他活动涉及国家秘密的，主办单位应当采取下列保密措施，承办、参加单位和人员应当配合：

（一）根据会议、活动的内容确定密级，制定保密方案，限定参加人员和工作人员范围；

（二）使用符合国家保密规定和标准的场所、设施、设备，采取必要保密技术防护等措施；

（三）按照国家保密规定管理国家秘密载体；

（四）对参加人员和工作人员进行身份核实和保密教育，提出具体保密要求；

（五）保密法律法规和国家保密规定要求的其他措施。

通过电视、电话、网络等方式举办会议或者其他活动涉及国家秘密的，还应当符合国家有关保密标准。

第四十六条　保密行政管理部门及其他主管部门应当加强对涉密军事设施及其他重要涉密单位周边区域保密管理工作的指导和监督，建立协调机制，加强军地协作，组织督促整改，有关机关、单位应当配合，及时发现并消除安全保密风险隐患。

第四十七条　从事涉及国家秘密业务（以下简称涉密业务）的企业事业单位应当符合下列条件：

（一）在中华人民共和国境内依法成立 1 年以上的法人，国家另有规定的从其规定；

（二）无犯罪记录，近 1 年内未发生泄密案件；

（三）从事涉密业务的人员具有中华人民共和国国籍，国家另有规定的从其规定；

（四）保密制度完善，有专门的机构或者人员负责保密工作；

（五）用于涉密业务的场所、设施、设备符合国家保密规定和标准；

（六）具有从事涉密业务的专业能力；

（七）保密法律法规和国家保密规定要求的其他条件。

第四十八条 从事国家秘密载体制作、复制、维修、销毁，涉密信息系统集成，武器装备科研生产，或者涉密军事设施建设等涉密业务的企业事业单位，应当由保密行政管理部门单独或者会同有关部门进行保密审查，取得保密资质。

取得保密资质的企业事业单位，不得有下列行为：

（一）超出保密资质业务种类范围承担其他需要取得保密资质的业务；

（二）变造、出卖、出租、出借保密资质证书；

（三）将涉密业务转包给其他单位或者分包给无相应保密资质的单位；

（四）其他违反保密法律法规和国家保密规定的行为。

取得保密资质的企业事业单位实行年度自检制度，应当每年向作出准予行政许可决定的保密行政管理部门报送上一年度自检报告。

第四十九条 机关、单位采购涉及国家秘密的工程、货物、服务，或者委托企业事业单位从事涉密业务，应当根据国家保密规定确定密级，并符合国家保密规定和标准。机关、单位应当与有关单位、个人签订保密协议，提出保密要求，采取保密措施，实施全过程管理。

机关、单位采购或者委托企业事业单位从事本条例第四十八条第一款规定的涉密业务的，应当核验承担单位的保密资质。采购或者委托企业事业单位从事其他涉密业务的，应当核查参与单位的业务能力和保密管理能力。

政府采购监督管理部门、保密行政管理部门应当依法加强对涉及国家秘密的工程、货物、服务采购或者其他委托开展涉密业务的监督管理。

第五十条 机关、单位应当依法确定涉密岗位，对拟任用、聘用到涉密岗位工作的人员进行上岗前保密审查，确认其是否具备在涉密岗位工作的条件和能力。未通过保密审查的，不得任用、聘用到涉密岗位工作。

机关、单位组织人事部门负责组织实施保密审查时，拟任用、聘用到涉密岗位工作的人员应当如实提供有关情况；需要其原工作、学习单位以及居住地有关部门和人员配合的，相关单位、部门和人员应当配合。必要时，公安机关、国家安全机关依申请协助审查。

机关、单位组织人事部门应当定期组织复审，确保涉密人员符合涉密岗位工作要求。

第五十一条 涉密人员应当遵守保密法律法规和本机关、本单位保密制度，严格遵守保密纪律、履行保密承诺，接受保密管理，不得以任何方式泄露国家秘密。

第五十二条 机关、单位组织人事部门会同保密工作机构负责涉密人员保密管理工作。机关、单位保密工作机构应当对涉密人员履行保密责任情况开展经常性的监督检查，会同组织人事部门加强保密教育培训。

涉密人员出境，由机关、单位组织人事部门和保密工作机构提出意见，按照人事、外事审批权限审批。涉密人员出境应当经过保密教育培训，及时报告在境外相关情况。

第五十三条 涉密人员离岗离职应当遵守有关法律法规规定；离岗离职前，应当接受保密提醒谈话，签订离岗离职保密承诺书。机关、单位应当开展保密教育提醒，清退国家秘密载体、涉密设备，取消涉密信息系统访问权限，确定脱密期期限。涉密人员在脱密期内就业、出境应当遵守国家保密规定。涉密人员不得利用知悉的国家秘密为有关组织、个人提供服务或者谋取利益。

第五十四条 涉密人员擅自离职或者脱密期内严重违反国家保密规定的，机关、单位应当及时报告同级保密行政管理部门，由保密行政管理部门会同有关部门依法采取处置措施。

第五十五条 机关、单位应当建立健全涉密人员权益保障制度，按照国家有关规定给予因履行保密义务导致合法权益受到影响和限制的人员相应待遇或者补偿。

第四章 监督管理

第五十六条 机关、单位应当向同级保密行政管理部门报送本机关、本单位年度保密工作情况。下级保密行政管理部门应当向上级保密行政管理部门报送本行政区域年度保密工作情况。

第五十七条 国家建立和完善保密标准体系。国家保密行政管理部门依照法律、行政法规的规定制定国家保密标准；相关学会、协会等社会团体可以制定团体标准；相关企业可以制定企业标准。

第五十八条 机关、单位应当对遵守保密法律法规和相关制度情况开展自查自评。保密行政管理部门依法对下列情况进行检查：

（一）保密工作责任制落实情况；

（二）保密制度建设情况；

（三）保密宣传教育培训情况；

（四）涉密人员保密管理情况；

（五）国家秘密确定、变更、解除情况；

（六）国家秘密载体管理情况；

（七）信息系统和信息设备保密管理情况；

（八）互联网使用保密管理情况；

（九）涉密场所及保密要害部门、部位管理情况；

（十）采购涉及国家秘密的工程、货物、服务，或者委托企业事业单位从事涉密业务管理情况；

（十一）涉及国家秘密会议、活动管理情况；

（十二）信息公开保密审查情况；

（十三）其他遵守保密法律法规和相关制度的情况。

第五十九条 保密行政管理部门依法开展保密检查和案件调查处理，查阅有关材料、询问人员、记录情况，对有关设施、设备、文件资料等登记保存，进行保密技术检测，应当遵守国家有关规定和程序。

有关机关、单位和个人应当配合保密行政管理部门依法履行职责，如实反映情况，提供必要资料，不得弄虚作假，隐匿、销毁证据，或者以其他方式逃避、妨碍保密监督管理。

保密行政管理部门实施保密检查后，应当出具检查意见，对需要整改的，应当明确整改内容和期限，并在一定范围内通报检查结果。

第六十条 保密行政管理部门对涉嫌保密违法的线索和案件，应当依法及时调查处理或者组织、督促有关机关、单位调查处理；发现需要采取补救措施的，应当立即责令有关机关、单位和人员停止违法行为，采取有效补救措施。调查工作结束后，有违反保密法律法规的事实，需要追究责任的，保密行政管理部门应当依法作出行政处罚决定或者提出处理建议；涉嫌犯罪的，应当依法移送监察机关、司法机关处理。有关机关、单位应当及时将处理结果书面告知同级保密行政管理部门。

第六十一条 机关、单位发现国家秘密已经泄露或者可能泄露的，应当立即采取补救措施，并在 24 小时内向同级保密行政管理部门和上级主管部门报告。

地方各级保密行政管理部门接到泄密报告的，应当在 24 小时内逐级报至国家保密行政管理部门。

保密行政管理部门依法受理公民对涉嫌保密违法线索的举报，并保护举报人的合法权益。

第六十二条 保密行政管理部门收缴非法获取、持有的国家秘密载体，应当进行登记并出具清单，查清密级、数量、来源、扩散范围等，并采取相应的保密措施。

保密行政管理部门可以提请公安、市场监督管理等有关部门协助收缴非法获取、持有的国家秘密载体，有关部门应当予以配合。

第六十三条 办理涉嫌泄密案件的地方各级监察机关、司法机关申请国家秘密和情报鉴定的，向所在省、自治区、直辖市保密行政管理部门提出；办理涉嫌泄密案件的中央一级监察机关、司法机关申请国家秘密和情报鉴定的，向国家保密行政管理部门提出。

国家秘密和情报鉴定应当根据保密法律法规和保密事项范围等进行。保密行政管理部门受理鉴定申请后，应当自受理之日起30日内出具鉴定结论；不能按期出具的，经保密行政管理部门负责人批准，可以延长30日。专家咨询等时间不计入鉴定办理期限。

第六十四条 设区的市级以上保密行政管理部门应当建立监测预警制度，分析研判保密工作有关情况，配备监测预警设施和相应工作力量，发现、识别、处置安全保密风险隐患，及时发出预警通报。

第六十五条 保密行政管理部门和其他相关部门应当在保密工作中加强协调配合，及时通报情况。

第六十六条 保密行政管理部门及其工作人员应当按照法定的职权和程序开展工作，做到严格规范公正文明执法，依法接受监督。

第五章 法律责任

第六十七条 机关、单位违反保密法律法规发生泄密案件，有下列情形之一的，根据情节轻重，对直接负责的主管人员和其他直接责任人员依法给予处分；构成犯罪的，依法追究刑事责任：

（一）未落实保密工作责任制的；

（二）未依法确定、变更或者解除国家秘密的；

（三）未按照要求对涉密场所以及保密要害部门、部位进行防护或者管理的；

（四）涉密信息系统未按照规定进行测评审查而投入使用，经责令整改仍不改正的；

（五）未经保密审查或者保密审查不严，公开国家秘密的；

（六）委托不具备从事涉密业务条件的单位从事涉密业务的；

（七）违反涉密人员保密管理规定的；

（八）发生泄密案件未按照规定报告或者未及时采取补救措施的；

（九）未依法履行涉密数据安全管理责任的；

（十）其他违反保密法律法规的情形。

有前款情形尚不构成犯罪，且不适用处分的人员，由保密行政管理部门督促其主管部门予以处理。

第六十八条 在保密检查或者保密违法案件调查处理中，有关机关、单位及其工作人员拒不配合，弄虚作假，隐匿、销毁证据，或者以其他方式逃避、妨碍保密检查或者保密违法案件调查处理的，对直接负责的主管人员和其他直接责任人员依法给予处分；不适用处分的人员，由保密行政管理部门督促其主管部门予以处理。

企业事业单位及其工作人员协助机关、单位逃避、妨碍保密检查或者保密违法案件调查处理的，由有关主管部门依法予以处罚。

第六十九条 网络运营者违反保密法律法规，有下列情形之一的，由保密行政管理等部门按照各自职责分工责令限期整改，给予警告或者通报批评；情节严重的，处 5 万元以上 50 万元以下罚款，对直接负责的主管人员和其他直接责任人员处 1 万元以上 10 万元以下罚款：

（一）发生泄密事件，未依法采取补救措施的；

（二）未依法配合保密行政管理部门实施保密违法案件调查、预警事件排查的。

第七十条 用于保护国家秘密的安全保密产品和保密技术装备不符合国家保密规定和标准，有下列情形之一的，由保密行政管理等部门对研制生产单位给予警告或者通报批评，责令有关检测机构取消合格证书；有违法所得的，没收违法所得：

（一）研制生产单位拒不整改或者整改后仍不符合国家保密规定和标准的；

（二）安全保密产品和保密技术装备存在重大缺陷或者重大泄密隐患的；

（三）造成国家秘密泄露的；

（四）其他严重危害国家秘密安全的。

第七十一条 从事涉密业务的企业事业单位违反保密法律法规及国家保密规定的，由保密行政管理部门责令限期整改，给予警告或者通报批评；有违法所得的，没收违法所得。

取得保密资质的企业事业单位，有下列情形之一的，并处暂停涉密业务、降低资质等级：

（一）超出保密资质业务种类范围承担其他需要取得保密资质业务的；

（二）未按照保密行政管理部门要求时限完成整改或者整改后仍不符合保密法律法规及国家保密规定的；

（三）其他违反保密法律法规及国家保密规定，存在重大泄密隐患的。

取得保密资质的企业事业单位，有下列情形之一的，并处吊销保密资质：

（一）变造、出卖、出租、出借保密资质证书的；

（二）将涉密业务转包给其他单位或者分包给无相应保密资质单位的；

（三）发现国家秘密已经泄露或者可能泄露，未立即采取补救措施或者未按照规定时限报告的；

（四）拒绝、逃避、妨碍保密检查的；

（五）暂停涉密业务期间承接新的涉密业务的；

（六）暂停涉密业务期满仍不符合保密法律法规及国家保密规定的；

（七）发生重大泄密案件的；

（八）其他严重违反保密法律法规及国家保密规定行为的。

第七十二条 保密行政管理部门未依法履行职责，或者滥用职权、玩忽职守、徇私舞弊的，对直接负责的主管人员和其他直接责任人员依法给予处分；构成犯罪的，依法追究刑事责任。

第六章 附 则

第七十三条 中央国家机关应当结合工作实际制定本行业、本领域工作秘密事项具体范围，报国家保密行政管理部门备案。

机关、单位应当加强本机关、本单位工作秘密管理，采取技术防护、自监管等保护措施。违反有关规定造成工作秘密泄露，情节严重的，对直接负责的主管人员和其他直接责任人员依法给予处分。

第七十四条 本条例自2024年9月1日起施行。

司法部、国家保密局负责人就《中华人民共和国保守国家秘密法实施条例》修订答记者问

2024年7月10日，国务院总理李强签署第786号国务院令，公布修订后的《中华人民共和国保守国家秘密法实施条例》（以下简称《条

例》），自2024年9月1日起施行。日前，司法部、国家保密局负责人就《条例》有关问题回答了记者提问。

问：请简要介绍一下《条例》的修订背景情况。

答：党中央、国务院历来高度重视保密工作。国务院于2014年1月17日公布、自2014年3月1日起施行的《条例》，在推进保密依法管理、保守国家秘密、维护国家安全和利益等方面发挥了重要作用。近年来，国际国内形势发生深刻变化，保密工作面临着新形势新任务，为适应需要，新修订的《中华人民共和国保守国家秘密法》（以下简称保密法）进一步健全了保密管理体制机制，完善了保密管理制度。为深入贯彻党中央关于保密工作的决策部署，进一步细化保密法有关制度规定，明确保密法具体实施举措，需要对《条例》作出修订。

国家保密局在深入调研论证、广泛听取意见的基础上，结合保密法修订工作，向国务院报送了《条例（修订草案送审稿）》。收到送审稿后，司法部广泛征求了有关中央单位、地方人民政府、协会、企事业单位和专家学者意见，并向社会公开征求意见，会同国家保密局认真研究，修改形成了《条例（修订草案）》。2024年6月26日，国务院常务会议审议通过了《条例（修订草案）》。2024年7月10日，李强总理签署国务院令，正式公布修订后的《条例》。

问：修订《条例》的总体思路是什么？

答：修订《条例》坚持以习近平新时代中国特色社会主义思想为指导，深入贯彻落实习近平法治思想和习近平总书记关于保密工作重要指示批示精神，遵循以下总体思路：一是细化党管保密原则，健全党管保密体制机制，确保保密工作正确政治方向；二是在保密法制度框架下，细化、完善相关制度，确保新修订的保密法有效实施；三是聚焦保密工作面临的新情况新问题，总结提炼近年来保密工作行之有效的经验做法和成熟制度。

问：《条例》在坚持和加强党对保密工作的领导方面作了哪些细化？

答：党对保密工作的统一领导，是保密工作的本质特征，是保密工作长期实践和历史经验的总结。此次《条例》修订增加了党管保密专门条款，进一步强调坚持和加强中国共产党对保密工作的领导，健全党管保密体制机制，明确了中央保密工作领导机构、地方各级保密工作领导机构的具体职责，为贯彻落实党和国家保密工作战略及重大政策措施，更好发挥党管保密的政治优势、组织优势提供了制度保障。

问：《条例》在定密管理方面作了哪些细化？

答：为进一步提升定密工作的精准性、科学性，《条例》对定密管理制度作了进一步细化和完善。一是明确国家秘密事项一览表制定修订要求。国家秘密事项一览表以明确、直观的方式列明国家秘密事项、密级、保密期限、知悉范围和定密依据。《条例》明确，有定密权限的机关、单位应当依据本行业、本领域以及相关行业、领域保密事项范围，制定国家秘密事项一览表，从源头上保障定密工作的精准性、科学性。二是进一步细化定密责任人范围和具体职责。《条例》明确，机关、单位主要负责人是本机关、本单位的法定定密责任人，根据工作需要，可以明确一定范围的人员为指定定密责任人。同时，进一步完善了定密责任人的具体职责。三是明确应当派生定密的具体情形。派生定密是一种重要的定密方式，《条例》列举了应当派生定密的具体情形，为机关、单位派生定密提供更加科学、细致的指引，有利于规范派生定密行为，有效避免派生定密过多、过泛的问题。

问：《条例》在加强保密科学技术创新和防护等方面作了哪些规定？

答：近年来，随着信息科技的普及应用，国家秘密形态日益数字化、网络化，面临的泄密、窃密风险也更加多样化、隐蔽化，窃密与反窃密斗争逐步体现为科学技术能力的竞争与对抗。《条例》就加强保密科学技术创新和防护作了以下规定。一是重视保密科学技术创新。鼓励和支持保密科学技术研究和应用，对在保密科学技术研发中取得重大成果或者显著成绩的组织和个人给予表彰和奖励。二是注重信息设备、信息系统保密管理。明确机关、单位应当加强信息系统、信息设备的运行维护、使用管理，定期开展涉密信息系统风险评估，确保涉密信息系统中使用的信息设备安全可靠。三是细化安全保密产品和保密技术装备管理要求。明确研制生产单位义务，鼓励采用新技术、新方法、新工艺等进行创新；抽检、复检中发现的不符合国家保密规定和标准的，明确了相应处置措施，有效促进安全保密产品和保密技术装备质量持续提升。

问：《条例》在网络信息和数据保密管理方面作了哪些细化？

答：随着信息化、数字化的飞速发展和广泛应用，国家秘密管理难度不断加大，网络信息和数据保密管理的重要性愈发凸显。《条例》进一步规范了网络信息和数据保密管理：一是加强网络使用保密管理，规定机关、单位工作人员不得违反有关规定使用非涉密信息系统、信息设备存储、处理、传输国家秘密，使用智能终端产品等应当符合国家保密规定；二是明确网络运营者对依法实施的保密违法案件调查和预警事件排查的配合义务；三是完善数据保密管理制度，压实机关、单位涉密数据安全保护主体责任，明确涉密数据全流程管理要求，有效防范大数据条件下泄密风险，切实筑牢保密防线。

问：《条例》在涉密人员管理方面作了哪些细化？

答：涉密人员管理是保密管理的重要内容和关键所在。《条例》总结多年来涉密人员管理实践经验，进一步细化了涉密人员管理要求：一是建立涉密人员“全周期”管理制度，对涉密人员上岗前的保密审查及定期复审，在岗期间的保密管理及保密教育培训、离岗离职程序及要求，脱密期间的管理等均作出细化规定；二是细化涉密人员权益保护规定，要求机关、单位建立健全涉密人员权益保障制度，按照国家有关规定给予因履行保密义务导致合法权益受到影响和限制的人员相应待遇或者补偿。

问：《条例》施行后，将重点做好哪些工作？

答：国家保密局将和有关部门共同做好《条例》贯彻落实工作。一是广泛组织学习宣传。组织各级保密行政管理部门、保密工作机构及保密干部结合保密法相关规定，深入学习《条例》。同时，针对党政领导干部、涉密人员和社会公众等不同群体，采取多种形式做好保密法及《条例》的学习、宣传和培训工作。二是认真落实《条例》规定。各级保密行政管理部门全面贯彻保密法及《条例》，履行法律赋予的行政管理职能，提升保密依法行政能力。同时，指导、推动机关、单位落实《条例》各项制度，切实筑牢国家秘密安全防线。三是抓紧完善配套制度。国家保密局将加快保密规章制度的立改废释工作，进一步增强保密法律制度体系的系统性、整体性、协同性。

法规规章备案审查条例

（2024年8月19日国务院第39次常务会议通过
2024年8月30日中华人民共和国国务院令第789号公布
自2024年11月1日起施行）

第一条 为了规范法规、规章备案审查工作，提高备案审查能力和质量，加强对法规、规章的监督，维护社会主义法制的统一，根据《中华人民共和国立法法》的有关规定，制定本条例。

第二条 本条例所称法规，是指省、自治区、直辖市和设区的市、自治州的人民代表大会及其常务委员会依照法定权限和程序制定的地方性法规，经济特区所在地的省、市的人民代表大会及其常务委员会依照法定权限和程序制定的经济特区法规，上海市人民代表大会及其常务委员会依照法定权限和程序制定的浦东新区法规，海南省人民代表大会及其常务委员会依照法定权限和程序制定的海南自由贸易港法规，以及自治州、自治县的人民代表大会依照法定权限和程序制定的自治条例和单行条例。

本条例所称规章，包括部门规章和地方政府规章。部门规章，是指国务院各部、各委员会、中国人民银行、审计署和具有行政管理职能的直属机构以及法律规定的机构（以下统称国务院部门）根据法律和国务院的行政法规、决定、命令，在本部门的权限范围内依照《规章制定程序条例》制定的规章。地方政府规章，是指省、自治区、直辖市和设区的市、自治州的人民政府根据法律、行政法规和本省、自治区、直辖市的地方性法规，依照《规章制定程序条例》制定的规章。

第三条 法规、规章备案审查工作应当坚持中国共产党的领导，坚持以人民为中心，坚持有件必备、有备必审、有错必纠，依照法定权限和程序进行。

第四条 法规、规章公布后，应当自公布之日起30日内，依照下列规定报送备案：

（一）地方性法规、自治州和自治县的自治条例和单行条例由省、自治区、直辖市的人民代表大会常务委员会报国务院备案；

（二）部门规章由国务院部门报国务院备案，两个或者两个以上部门联合制定的规章，由主办的部门报国务院备案；

（三）省、自治区、直辖市人民政府规章由省、自治区、直辖市人民政府报国务院备案；

（四）设区的市、自治州的人民政府规章由设区的市、自治州的人民政府报国务院备案，同时报省、自治区人民政府备案；

（五）经济特区法规由经济特区所在地的省、市的人民代表大会常务委员会报国务院备案，浦东新区法规由上海市人民代表大会常务委员会报国务院备案，海南自由贸易港法规由海南省人民代表大会常务委员会报国务院备案。

第五条 国务院部门，省、自治区、直辖市和设区的市、自治州的人民政府应当依法履行规章备案职责，加强对规章备案工作的组织领导。

国务院部门法制机构，省、自治区、直辖市人民政府和设区的市、自治州的人民政府法制机构，具体负责本部门、本地方的规章备案工作。

第六条 国务院备案审查工作机构依照本条例的规定负责国务院的法规、规章备案工作，履行备案审查监督职责，健全备案审查工作制度，每年向国务院报告上一年法规、规章备案审查工作情况。

第七条 国务院备案审查工作机构应当通过备案审查衔接联动机制加强与其他机关备案审查工作机构的联系，在双重备案联动、移交处理、征求意见、会商协调、信息共享、能力提升等方面加强协作配合。

第八条 依照本条例报送国务院备案的法规、规章，径送国务院备案审查工作机构。

报送法规备案，按照全国人民代表大会常务委员会关于法规备案的有关规定执行。

报送规章备案，应当提交备案报告、规章文本和说明，并按照规定的格式装订成册，一式三份。

报送法规、规章备案，应当同时报送法规、规章的电子文本。

第九条 报送法规、规章备案，符合本条例第二条和第八条第二款、第三款、第四款规定的，国务院备案审查工作机构予以备案登记；不符合第二条规定的，不予备案登记；符合第二条规定但不符合第八条第二款、第三款、第四款规定的，暂缓办理备案登记。

暂缓办理备案登记的，由国务院备案审查工作机构通知制定机关补充报送备案或者重新报送备案；制定机关应当自收到通知之日起 15 日内按照要求补充或者重新报送备案；补充或者重新报送备案符合规定的，予以备案登记。

第十条 经备案登记的法规、规章，由国务院备案审查工作机构按月公布目录。

编辑出版法规、规章汇编的范围，应当以公布的法规、规章目录为准。

第十一条 国务院备案审查工作机构对报送备案的法规、规章进行主动审查，并可以根据需要进行专项审查。主动审查一般应当在审查程序启动后 2 个月内完成；情况疑难复杂的，为保证审查质量，可以适当延长审查期限。

国务院备案审查工作机构发现法规、规章存在涉及其他机关备案审查工作职责范围的共性问题的，可以与其他机关备案审查工作机构开展联合调研或者联合审查，共同研究提出审查意见和建议。

第十二条 国家机关、社会组织、企业事业单位、公民认为地方性法规同行政法规相抵触的，或者认为规章以及国务院各部门、省、自治区、直辖市和设区的市、自治州的人民政府发布的其他具有普遍约束力的行政决定、命令同法律、行政法规相抵触的，可以向国务院书面提出审查建议，由国务院备案审查工作机构研究并提出处理意见，按照规定程序处理。

第十三条 国务院备案审查工作机构对报送国务院备案的法规、规章，就下列事项进行审查：

（一）是否符合党中央、国务院的重大决策部署和国家重大改革方向；

（二）是否超越权限；

（三）下位法是否违反上位法的规定；

（四）地方性法规与部门规章之间或者不同规章之间对同一事项的规定不一致，是否应当改变或者撤销一方的或者双方的规定；

（五）规章的规定是否适当，规定的措施是否符合立法目的和实际情况；

（六）是否违背法定程序。

第十四条 国务院备案审查工作机构审查法规、规章时，认为需要有关的国务院部门或者地方人民政府提出意见的，有关的机关应当在规定期限内回复；认为需要法规、规章的制定机关说明有关情况的，有关的制定机关应当在规定期限内予以说明。

第十五条 国务院备案审查工作机构审查法规、规章时，可以通过座谈会、论证会、听证会、委托研究、实地调研等方式，听取国家机关、社会组织、企业事业单位、专家学者以及利益相关方的意见，并注重发挥备案审查专家委员会的作用。

第十六条 经审查，地方性法规同行政法规相抵触的，由国务院备案审查工作机构移送全国人民代表大会常务委员会工作机构研究处理；必要时由国务院提请全国人民代表大会常务委员会处理。

第十七条 地方性法规与部门规章之间对同一事项的规定不一致的，由国务院备案审查工作机构提出处理意见，报国务院依照《中华人民共和国立法法》的有关规定处理。

第十八条 经审查，认为规章应当予以纠正的，国务院备案审查工作机构可以通过与制定机关沟通、提出书面审查意见等方式，建议制定机关及时修改或者废止；或者由国务院备案审查工作机构提出处理意见报国务院决定，并通知制定机关。

第十九条 部门规章之间、部门规章与地方政府规章之间对同一事项的规定不一致的，由国务院备案审查工作机构进行协调；经协调不能取得一致意见的，由国务院备案审查工作机构提出处理意见报国务院决定，并通知制定机关。

第二十条 对《规章制定程序条例》规定的无效规章，国务院备案审查工作机构不予备案，并通知制定机关。

规章在制定技术上存在问题的，国务院备案审查工作机构可以向制定机关提出处理意见，由制定机关自行处理。

第二十一条 规章的制定机关应当自接到本条例第十八条、第十九条、第二十条规定的通知之日起30日内，将处理情况报国务院备案审查工作机构。

第二十二条 法规、规章的制定机关应当于每年1月31日前将上一年所制定的法规、规章目录报国务院备案审查工作机构。

第二十三条 对于不报送规章备案或者不按时报送规章备案的，由国务院备案审查工作机构通知制定机关，限期报送；逾期仍不报送的，给予通报，并责令限期改正。

第二十四条 国务院备案审查工作机构应当加强对省、自治区、直辖市人民政府法制机构规章备案审查工作的联系和指导，通过培训、案例指导等方式，推动省、自治区、直辖市人民政府提高规章备案审查工作能力和质量。

第二十五条 省、自治区、直辖市人民政府应当依法加强对下级行政机关发布的规章和其他具有普遍约束力的行政决定、命令的监督，依照本条例的有关规定，建立相关的备案审查制度，维护社会主义法制的统一，保证法律、法规的正确实施。

第二十六条 本条例自2024年11月1日起施行。2001年12月14日国务院发布的《法规规章备案条例》同时废止。

司法部负责人就《法规规章备案审查条例》答记者问

2024 年 8 月 30 日，国务院总理李强签署第 789 号国务院令，公布《法规规章备案审查条例》（以下简称《条例》），自 2024 年 11 月 1 日起施行。司法部负责人就《条例》有关问题回答了记者提问。

问：请简要介绍一下《条例》的出台背景情况。

答：法规规章备案审查是维护国家法治统一的重要制度。党中央、国务院高度重视备案审查工作。《法规规章备案条例》自 2002 年 1 月 1 日施行以来，为保障备案审查工作依法有效开展发挥了重要作用。随着全面依法治国深入推进，党中央、国务院对备案审查工作提出了新的要求，立法法两次修改对备案审查制度作了完善，全国人大常委会就完善和加强备案审查制度专门作出决定，备案审查工作实践中还面临着备案审查程序不够完善、审查事项不够全面、有关工作机制不够健全等新情况新问题。《法规规章备案条例》已不能完全适应和满足新时代备案审查工作需要，亟须修订完善。

司法部在深入调查研究、广泛听取意见并向社会公开征求意见的基础上，起草了修订草案送审稿，并将条例名称修改为“法规规章备案审查条例”。之后，又广泛征求了有关中央单位、地方人民政府、社会团体和专家学者意见，赴山东、河南开展实地调研，经反复研究修改形成了《条例（草案）》。2024 年 8 月 19 日，国务院常务会议审议通过了《条例（草案）》。2024 年 8 月 30 日，李强总理签署国务院令，正式公布《条例》。

问：修订工作的总体思路是什么？

答：修订工作坚持以习近平新时代中国特色社会主义思想为指导，深入贯彻落实习近平法治思想和习近平总书记关于备案审查工作的重要指示精神，遵循以下总体思路：一是坚持党对备案审查工作的领导，将党中央、国务院关于备案审查工作的决策部署转化为法规制度。二是坚持问题导向，有针对性地细化完善备案审查制度机制，落实“有件必备、有备必审、有错必纠”要求。三是坚持统筹协调，贯彻实施新修改的立法法，与《全国人民代表大会常务委员会关于完善和加强备案审查制度的决定》做好衔接。

问：《条例》在完善立法目的、明确工作要求方面作了哪些规定？

答：为更好履行备案审查监督职责，《条例》根据新形势新要求，对立法目的作了完善并明确了工作要求：一是在立法目的中增加“规范法规、规章备案审查工作，提高备案审查能力和质量”的内容。二是将坚持中国共产党的领导，坚持以人民为中心，坚持有件必备、有备必审、有错必纠，依照法定权限和程序进行，作为工作要求。

问：《条例》在落实“有件必备”方面增加了哪些规定？

答：为进一步落实“有件必备”，提升报备规范化水平，《条例》作了以下规定：一是增加备案审查监督对象，将浦东新区法规、海南自由贸易港法规、法律规定的机构制定的规章纳入备案范围，明确其报备主体。二是精简报备材料数量，将报备材料由一式十份调整为一式三份并对报送电子文本提出要求，减轻制定机关工作负担。三是严格报备登记要求，针对一些报备不及时、不规范的问题，明确了十五日的补充或者重新报送备案时限。

问：《条例》在落实“有备必审”方面增加了哪些规定？

答：为进一步落实“有备必审”，提升审查科学化水平，《条例》

作了以下规定：一是增加审查方式的规定，明确国务院备案审查工作机构对报送备案的法规规章进行主动审查，并可以根据需要进行专项审查、与其他机关备案审查工作机构开展联合调研或者联合审查。二是完善审查事项，将是否符合党中央、国务院的重大决策部署和国家重大改革方向，规章规定的措施是否符合立法目的和实际情况增加为审查事项。三是着眼于增强审查科学性，明确国务院备案审查工作机构可以通过座谈会、论证会等多种方式听取意见，并注重发挥备案审查专家委员会的作用。

问：《条例》在落实“有错必纠”方面增加了哪些规定？

答：为进一步落实“有错必纠”，提升纠错精准化水平，《条例》作了以下规定：一是优化移送审查程序，规定审查发现地方性法规同行政法规相抵触的，由国务院备案审查工作机构移送全国人大常委会工作机构研究处理；必要时由国务院提请全国人大常委会处理。二是完善规章纠错程序，明确国务院备案审查工作机构可以通过与制定机关沟通、提出书面审查意见等方式对规章进行纠错，或者提出处理意见报国务院决定。

问：《条例》在推动健全备案审查工作制度机制方面有哪些举措？

答：《条例》系统总结多年来备案审查工作实践经验，推动构建系统完备的制度体系，补充规定了以下内容：一是压实国务院备案审查工作机构职责，明确国务院备案审查工作机构应当健全备案审查工作制度，每年向国务院报告上一年法规、规章备案审查工作情况。二是推动形成备案审查合力，规定国务院备案审查工作机构应当通过备案审查衔接联动机制加强与其他机关备案审查工作机构的联系和协作配合。三是加强对地方的联系指导，规定国务院备案审查工作机构应当通过培训、案例指导等方式，推动省、自治区、直辖市人民政府提高规章备案审查工作能力和质量。

问：如何推进《条例》的贯彻实施？

答：下一步，司法部将在党中央、国务院的领导下，围绕对地方性法规、部门规章和地方政府规章开展备案审查的职责，把《条例》的贯彻实施作为学习贯彻党的二十大和二十届三中全会精神的重要举措、摆上重要日程，高度重视、精心组织，突出抓好以下三个方面的工作：一是加强学习宣传，提高思想认识。结合学习贯彻党的二十届三中全会精神，采取分层分级、全员覆盖的方式，组织省级司法行政部门和国务院部门法制机构工作人员开展学习培训，指导省级司法行政部门组织开展本地区的学习培训，确保《条例》得到准确理解。二是围绕中心大局，推动有效实施。重点关注地方和部门立法与上位法不一致、影响全国统一大市场、损害营商环境等问题，加强对产权保护、市场准入、公平竞争等重点领域法规规章的备案审查和问题研究，视情况开展联合审查、专项审查，着力破除地方保护和市场分割，助力构建全国统一大市场、优化营商环境。三是完善配套制度，提升工作质效。细化落实《条例》规定，修改司法部有关工作规范，优化内部工作机制；完善外部与其他机关备案审查工作机构协作配合机制，凝聚工作合力。推动省级司法行政部门结合实际情况出台或修改完善备案审查制度规定，增强制度体系的系统性、整体性、协同性，提高备案审查制度整体效能。

（来源：司法部网站）

司法解释、司法指导性文件与解读

最高人民法院　最高人民检察院

印发《关于规范办理行政再审检察建议案件若干问题的意见》的通知

（2024年8月20日）

各省、自治区、直辖市高级人民法院、人民检察院，解放军军事法院、解放军军事检察院，新疆维吾尔自治区高级人民法院生产建设兵团分院、新疆生产建设兵团人民检察院：

为全面贯彻习近平法治思想，规范人民法院、人民检察院办理行政再审检察建议案件程序，推进落实《中共中央关于加强新时代检察机关法律监督工作的意见》，提升法律监督质效和司法公信力，促进司法公正和依法行政，根据《中华人民共和国行政诉讼法》和相关法律规定，最高人民法院、最高人民检察院制定了《关于规范办理行政再审检察建议案件若干问题的意见》，现予印发，请结合实际贯彻执行。在执行中遇到的问题，请分别层报最高人民法院、最高人民检察院。

最高人民法院 最高人民检察院
关于规范办理行政再审检察建议案件若干问题的意见

为规范人民法院、人民检察院办理行政再审检察建议案件程序，推进落实《中共中央关于加强新时代检察为规范人民法院、人民检察院办理行政再审检察建议案件程序，推进落实《中共中央关于加强新时代检察机关法律监督工作的意见》，提升法律监督质效和司法公信力，促进司法公正和依法行政，根据《中华人民共和国行政诉讼法》等法律规定，结合司法实践，制定本意见。

第一条 行政再审检察建议是人民检察院对生效行政判决、裁定、调解书实施法律监督的重要方式。人民法院、人民检察院应当严格按照《中华人民共和国行政诉讼法》有关再审检察建议的规定，依法规范履行审判和法律监督职责。人民检察院要坚持法定性与必要性相结合的监督标准，增强监督的及时性与实效性，规范适用再审检察建议；人民法院要坚持依法接受监督，增强接受监督的主动性与自觉性，及时办理行政再审检察建议案件，共同维护司法公正。

第二条 人民检察院发现同级人民法院生效行政判决、裁定有《中华人民共和国行政诉讼法》第九十一条规定情形之一的，或者调解书有损害国家利益、社会公共利益情形的，可以向同级人民法院提出再审检察建议；地方各级人民检察院提出再审检察建议的，应当报上一级人民检察院备案。

第三条 人民检察院对同级人民法院再审或者审判委员会讨论后作出的生效行政判决、裁定、调解书，不适用提出再审检察建议的方式进行监督。

人民法院生效行政判决、裁定、调解书存在的笔误或者表述瑕疵不属于提出再审检察建议的情形，人民检察院可以提出改进工作建议。

第四条 人民检察院提出再审检察建议，一般应当经检察委员会讨论决定。存在特殊情形的，人民检察院可与同级人民法院会商解决。

第五条 人民检察院提出再审检察建议，应当将再审检察建议书连同检察案件材料一并移送同级人民法院。

再审检察建议书应当载明案件相关情况、监督意见并列明原判决、裁定、调解书存在《中华人民共和国行政诉讼法》第九十三条、《最高人民法院关于适用〈中华人民共和国行政诉讼法〉的解释》第一百一十七条规定的情形。

人民检察院提出再审检察建议案件不符合前述规定的，人民法院参照《最高人民法院关于适用〈中华人民共和国民事诉讼法〉的解释》第四百一十四条规定处理。

第六条 人民法院应当自收到符合条件的再审检察建议书和相关检察案件材料之日起七日内编立案号，纳入案件流程管理，依法进行审查，并告知人民检察院。

人民法院已作出驳回再审申请裁定的，不影响人民法院受理同级人民检察院提出的再审检察建议。

人民检察院提出再审检察建议的案件同级人民法院已经裁定再审但尚未审结的，人民法院应当将再审检察建议并入再审案件一并审理，并函告人民检察院。案件已被上级人民法院裁定再审但尚未审结的，同级人民法院可以将再审检察建议书及检察案件材料报送上级人民法院并告知提出再审检察建议的人民检察院。

第七条 人民法院对行政再审检察建议案件，应当组成合议庭，在三个月内审查完毕。有特殊情况需要延长的，应当依照相关审批程序延长审查期限。

在原审判程序中参与过本案审判工作的审判人员，不得再参与该行政再审检察建议案件的办理。

第八条 人民法院对行政再审检察建议案件，一般采取审查人民检察院移交的案件材料、调阅原审案件卷宗等方式进行书面审查。经审查，案件可能启动再审或者存在其他确有必要情形的，应当询问当事人。

第九条 人民法院对行政再审检察建议案件经审查认为原判决、裁定、调解书确有错误，决定采纳检察建议启动再审的，再审裁定书应当载明监督机关及行政再审检察建议文号。裁定书应当送交同级人民检察院。

人民法院经审查决定不予再审的，应当在决定作出之日起十日内书面回复人民检察院并述明理由。人民检察院可以适当方式将人民法院不予再审结果告知申请人。

第十条 人民法院采纳再审检察建议启动再审的行政案件，参照《最高人民法院关于适用〈中华人民共和国民事诉讼法〉的解释》第四百零二条第一款第三项、第四项规定的程序开庭审理。有下列情形之一的，人民检察院可以派员出席法庭：

（一）人民检察院认为原案的处理损害国家利益或者社会公共利益的；

（二）人民检察院调查核实的证据需要向法庭出示的；

（三）具有重大社会影响等其他确有出庭必要的。

人民检察院派员出席法庭的，人民法院可以参照《最高人民法院关于适用〈中华人民共和国民事诉讼法〉的解释》第四百零二条第一款第二项规定的程序开庭审理。

人民法院开庭审理人民检察院提出再审检察建议的案件，人民检察院派员出席再审法庭的，适用《人民检察院行政诉讼监督规则》第一百零二条的规定。

第十一条 人民法院采纳再审检察建议启动再审的行政案件，应当将再审后作出的判决书、裁定书、调解书自作出之日起十日内送交同级人民检察院。

第十二条 人民法院、人民检察院应当建立实质性化解行政争议的协同机制，共同做好行政再审检察建议案件的调解和矛盾化解工作。

人民检察院在案件审查阶段促成行政争议实质性化解后，行政机关不履行约定义务的，可以制发检察建议或者建议人民法院制发司法建议，督促落实。

人民法院对行政再审检察建议案件审查期间，行政争议已实质性化解不需要继续审查的，人民法院应当书面告知人民检察院。

第十三条 人民法院、人民检察院应当建立常态化工作联系机制。对群众关注度高、关系民生焦点、社会反响强烈或者涉政策性、群体性等可能影响社会稳定的案件，以及重大、疑难、复杂、敏感案件，人民法院、人民检察院在办理过程中，应当加强相互沟通，依法妥善处理。

第十四条 人民法院、人民检察院应当定期开展行政再审检察建议工作综合分析和通报，推动审判监督和检察监督工作良性互动，提升行政再审检察建议案件办理质效。

地方各级人民法院、人民检察院在实践中遇到新情况、新问题可先行会商，并将相关问题及应对措施及时层报最高人民法院、最高人民检察院。

最高人民法院
关于正确确定强制拆除行政诉讼案件被告及起诉期限的批复

法释〔2024〕8 号

（2024 年 6 月 3 日最高人民法院审判委员会第 1921 次会议通过
2024 年 8 月 7 日最高人民法院公告公布
自 2024 年 8 月 8 日起施行）

宁夏回族自治区高级人民法院：

你院关于如何理解《中华人民共和国行政诉讼法》第四十六条规

定的“知道或者应当知道作出行政行为”与《最高人民法院关于适用〈中华人民共和国行政诉讼法〉的解释》第六十四条中“知道或者应当知道行政行为内容”等的请示收悉。经研究，批复如下：

公民、法人或者其他组织对强制拆除其建筑物或者其他设施不服提起诉讼的，以作出强制拆除决定的行政机关为被告；没有强制拆除决定书的，以具体实施强制拆除行为的行政机关为被告；未收到强制拆除决定书，实施强制拆除行为的主体不明确的，可以以现有证据初步证明实施强制拆除行为的行政机关为被告。人民法院在案件审理过程中，认为原告起诉的被告不适格且能够确定适格被告的，应当告知原告变更被告；原告拒绝变更的，应当裁定驳回起诉。人民法院经审查各方当事人提供的证据或者依职权调查后，仍不能确定适格被告的，可以依据《中华人民共和国行政诉讼法》第六十六条的规定，视情将有关材料移送有关机关调查并裁定中止诉讼。

《中华人民共和国行政诉讼法》第四十六条规定的六个月起诉期限与《最高人民法院关于适用〈中华人民共和国行政诉讼法〉的解释》第六十四条规定的一年起诉期限，应当从公民、法人或者其他组织知道或者应当知道行政行为内容且知道或者应当知道该行为实施主体之日起计算。被告主张原告自知道或者应当知道行政行为内容及实施主体之日起已经超过法定起诉期限的，应当承担举证责任。

此复。

解读《最高人民法院关于正确确定强制拆除行政诉讼案件被告及起诉期限的批复》

耿宝建[*]　阎　巍[**]　易　旺[***]

2024 年 8 月 7 日，最高人民法院发布了《关于正确确定强制拆除行政诉讼案件被告及起诉期限的批复》（以下简称批复）。该司法解释的发布，对及时正确确定强制拆除行为引发的行政诉讼案件被告，防止程序空转，实质解决争议，及时高效保障人民群众合法权益，监督行政机关依法行使强制拆除职权，将发挥积极作用。

一、批复的制定背景

党的二十大报告将法治政府建设作为全面依法治国的重点任务和主体工程，对“扎实推进依法行政”作出重要部署，要求“全面推进严格规范公正文明执法，加大关系群众切身利益的重点领域执法力度，完善行政执法程序”。党的二十届三中全会决定进一步指出，要“深化行政执法体制改革，完善基层综合执法体制机制，健全行政执法监督体制机制”“完善涉及公民人身权利强制措施以及查封、扣押、冻结等强制措施的制度”。房屋、建筑物及其附属设施等不动产，在人民群众的各

* 最高人民法院行政审判庭庭长。
** 最高人民法院行政审判庭二级高级法官。
*** 最高人民法院行政审判庭一级高级法官助理。

类财产构成中占有重要份额，对此类不动产的强制拆除涉及人民群众重大财产权益，必须严格依照法律规定，遵照法定程序，依法稳慎实施。“有恒产者有恒心”。切实保护公民、法人或者其他组织的财产权，是经济社会持续健康发展的基础。改革开放以来，通过大力推进产权制度改革，我国基本形成了归属清晰、权责明确、保护严格、流转顺畅的现代产权制度和产权保护法律框架，全社会产权保护意识不断增强，产权受保护的范围和程度不断拓展。法律层面，民法典第二百零七条第一款规定：“国家、集体、私人的物权和其他权利人的物权受法律平等保护，任何组织或者个人不得侵犯。”土地管理法、行政处罚法、行政强制法、国有土地上房屋征收与补偿条例、土地管理法实施条例等法律法规对强制拆除行为的主体和程序都作出了明确规定，强制拆除领域已经实现了有法可依。

根据法律规定，一个合法的强制拆除行为应当符合以下基本程序要求：(1) 行政机关作出强制拆除决定前，应当事先催告当事人履行义务，依法保障当事人陈述、申辩等权利；(2) 行政机关应当以书面形式作出强制拆除决定，并载明强制执行的方式和时间、申请行政复议或者提起行政诉讼的期限、作出行政行为的行政机关名称、印章和日期等事项；(3) 行政机关应当依法向当事人送达催告书、强制拆除决定书等文书；(4) 强制拆除时，行政执法人员应当表明身份，明确告知执法主体。但不容忽视的是，在土地房屋征收、违法建筑拆除、棚户区改造等工作中，违法强制拆除行为仍不时发生，强制拆除主体不明确的情况屡见不鲜，人民群众反映较为强烈。个别地方在未达成协议、未作出补偿决定的情况下，为推进项目建设，重效率轻法治，重实体轻程序，往往以“拆除违法建筑”“拆除危险房屋”“误拆”以及借“民事主体”名义拆迁等手段实施强制拆除。以某省为例，在全部败诉案件中，行政强制占比连续多年在40%以上，其中77%的涉行政强制案件败诉系因违反法定程序。

调研中发现，相关强制拆除案件中经常出现房屋等建筑物和其他设施被拆除的事实和时间均确定无疑，但实施强制拆除行为的主体不明确，导致行政相对人提起诉讼时，被个别法院以“不存在适格被告”等为由，裁定不予立案或者驳回起诉，从而“告状无门”的情况，以及行政相对人向公安机关报案要求调查强制拆除主体甚至要求刑事立案，却仍查不出强制拆除主体的情况。个别案件中，即使行政相对人通过信访或者向上级公安机关反映后，查明了实施强制拆除的主体，但如果起诉时强制拆除已经超过一年，也可能会被个别法院以超过起诉期限为由，裁定不予立案或者驳回起诉。此类强制拆除主体不明确案件，既难以实现实质化解，又难以实现案结事了。我们认为，为全面准确理解行政诉讼法及其司法解释有关被告主体资格及起诉期限的规定，亟须通过司法解释统一法律适用标准，从源头上减少行政诉讼案件裁定驳回起诉、不予立案的比例，促进行政争议实质化解。

2023年，宁夏回族自治区高级人民法院就“行政相对人仅知道房屋被拆除但不知道拆除主体，是否可以认定其已经知道行政行为内容”等问题，向最高人民法院请示。为了统一法律适用标准，最高人民法院决定以批复形式进行答复，为此制定了本批复。

二、起草批复遵循的基本原则

制定批复时，主要遵循以下基本原则。

一是始终坚持以习近平新时代中国特色社会主义思想为指导。批复的制定，始终坚持以习近平新时代中国特色社会主义思想为指导，深入贯彻习近平法治思想，全面贯彻党的二十大和二十届二中、三中全会精神，深刻领悟“两个确立”的决定性意义，增强“四个意识”、坚定“四个自信”、做到“两个维护”，推动法治国家、法治政府与法治社会一体建设。通过对强制拆除行为的依法监督，促进行政机关依法行政，确保在强制拆除领域落实有法必依。

二是坚持以人民为中心。批复的制定，始终坚持以人民为中心，瞄准与人民群众切身利益息息相关的强制拆除领域，着力解决人民群众反映强烈的程序空转、纠纷解决周期长、实体权益救济不及时等问题，切实体现人民利益、反映人民愿望、维护人民权益、增进人民福祉。

三是坚持实质性化解行政争议。2014 年修正的行政诉讼法明确将“解决行政争议”作为行政诉讼立法目的之一。在批复制定过程中，我们牢固树立“如我在诉”“双赢多赢共赢”“监督就是支持、支持就是监督”等理念，通过批复进一步明确人民法院在此类案件中具有依职权调查确定适格被告的职责，“知道或者应当知道行政行为内容”的内涵，以及被告主张原告起诉超过起诉期限时举证责任的承担等内容，更好推进行政争议实质解决，力促案结事了、政通人和、取信于民。

三、批复的主要内容

批复全文共两段，主要规定了以下内容。

（一）进一步明确正确确定行政诉讼案件被告是原告和人民法院共同的责任

正确确定行政诉讼案件的被告资格，既是依法受理、审理和裁判行政诉讼案件的需要，也是及时高效保护人民群众合法权益的需要。行政诉讼法第四十九条规定：“提起诉讼应当符合下列条件：（一）原告是符合本法第二十五条规定的公民、法人或者其他组织；（二）有明确的被告；（三）有具体的诉讼请求和事实根据；（四）属于人民法院受案范围和受诉人民法院管辖。”根据上述规定，起诉必须符合“有明确的被告”这一起诉条件。对此，要注意区分“被告明确”和“被告适格”的关系。对于何为“被告明确”，全国人大常委会法工委在《〈中华人民共和国行政诉讼法〉释义》中作出解释：“所谓明确，就是指原告所诉被告清楚、具体、可以指认。”而“被告适格”通常指被告确系案件争议法律关系的相对方，可以承受人民法院生效裁判所确定的权利义务。“被告明确”属于起诉要件范畴，涉及起诉阶段进行的形式审查，除非被告明显不具有实质上的法律关系，否则不影响人民法院对案件的受理，因此，又被称为“形式适格”。而“被告适格”则属于诉讼要件审查范畴，与案件的审理并行于诉讼系属之后，是法院进行案件审理并作出裁判的前提条件，其功能在于确保诉讼程序的合法性。人民法院在立案后，经过实体审理，认定原告所起诉的被告不适格，原、被告之间并无相应的法律关系，则应判决驳回原告的诉讼请求，此情况属于人民法院对案件进行实体审理之后的处理问题，因此，又被称为“实质适格”。可见，正确确定行政诉讼案件被告，既包含了立案阶段对“被告明确”的审查，也包含了审理阶段对“被告适格”的审查。审判实践中，要注意正确把握、区分和处理“被告明确”与“被告适格”的关系。我们认为，正确确定行政诉讼案件被告，原告和人民法院需要承担共同但有区别的责任：原告在起诉状中基于初步证据确定作出被诉行政行为的具体、特定、可识别的行政机关，即可视为“有明确的被告”。至于起诉状载明的被告是否正确、适格，一般而言，是人民法院在案件审理过程中要进一步审查确定的问题。人民法院如果认为作出被诉行政行为的主体不正确，具有依职权调查确定适格被告的职责与义务。在原告有初步证据证明后，被诉行政机关以被告主体不适格为由抗辩的，应承担相应的举证责任。

1. 进一步明确强制拆除类案件中被告资格的确定规则

这是对行政诉讼法第二十六条第一款规定的“谁行为，谁被告”原则的具体落实。对于县级以上地方人民政府责成有关职能部门对违法建筑实施强制拆除以及集体土地征收、国有土地上房屋征收中的强制拆除案件被告资格的确定问题，最高人民法院于2021年3月25日公布的《关于正确确定县级以上地方人民政府行政诉讼被告资格若干问题的规定》已作出较为系统的规定。批复在吸收前述司法解释中关于确定适格被告相关规定的同时，考虑到所涉及的内容不仅包括前述强制拆除案件被告资格确定问题，还包括旧城改造、土地整理和危旧房屋处置等各类征收拆迁过程中的被告资格确定问题，在综合考虑审判实践情况的基础上，规定公民、法人或者其他组织对强制拆除其建筑物或者其他设施的行为不服提起诉讼的，以作出强制拆除决定的行政机关为被告；没有强制拆除决定书的，以具体实施强制拆除行为的行政机关为被告。

2. 进一步明确原告起诉行政机关时仅需承担初步举证责任

行政相对人未收到强制拆除决定书，实施强制拆除行为的主体不明确时，原告如何选择被告进行起诉，如何承担举证责任，是司法实践中的难点问题，争议较大。全国人大常委会法工委有关部门在对相关征求意见函的回复中认为，对于行政相对人的房屋被行政机关强制拆除后，向人民法院起诉的，人民法院在审查时应以其初步知道行政强制拆除行为及其实施机关为标准，不必要求行政相对人提供准确的行政行为主体。司法部、自然资源部、住房和城乡建设部以及最高人民法院有关部门亦持这种观点。我们采纳了这些意见。批复明确规定，原告可以以现有证据初步证明实施强制拆除行为的行政机关为被告。准确理解该规定，可以从以下几个方面把握：（1）根据《最高人民法院关于适用〈中华人民共和国行政诉讼法〉的解释》（以下简称行政诉讼法解释）第六十七条第一款的规定，原告起诉状列明被告的名称等信息足以使被告与其他行政机关相区别即可；（2）在法院立案审查环节，对被告的要求仅为“明确”，并不要求“正确”；（3）根据行政诉讼法第四十九条第三项关于起诉时应当具有事实根据的规定，原告只要能够提供一定的证据，证明被诉强制拆除行为存在并可能系起诉状列明的被告所为，而非明显不具有被告实施该行为的可能性，即已履行了起诉阶段对于被告适格的举证责任。这既是起诉要件审查的应有之义，也是证据法理论对证明标准的要求：由于可能作出强制拆除行为的行政机关没有依法履行教示义务，导致原告起诉时证明起诉状所列被告符合法定起诉条件的难度加大，因此，不能苛求原告起诉状所列被告一定正确。

3. 进一步明确确定行政诉讼正确的被告是原告和人民法院共同的责任和义务

被告明确并不意味着被告正确，行政诉讼中的被告适格还要求实质性适格，即原告所诉被告应当是作出被诉行政行为的行政机关。当原告所起诉的被告不适格时，人民法院能否主动依职权调查确定适格被告，实践中存在一定争议。行政诉讼法第四十条规定："人民法院有权向有关行政机关以及其他组织、公民调取证据……"该条规定了人民法院具有依职调查取证的权力。行政诉讼法解释第二十六条第一款规定："原告所起诉的被告不适格，人民法院应当告知原告变更被告；原告不同意变更的，裁定驳回起诉。"第六十九条规定："有下列情形之一，已经立案的，应当裁定驳回起诉：……（三）错列被告且拒绝变更的……"上述规定表明，人民法院在诉讼过程中具有依职权调查确定正确、适格被告的职责，对于起诉人错列被告的，不能迳行驳回起诉，而应加以释明引导，以协助原告正确确定被告。为推进行政争议及时实质化解，避免程序空转，批复进一步明确了人民法院具有依职权调查确定适格被告的职责与义务的相关内容。在关于人民法院应当何时告知原告变更被告的问题上，相比于行政诉讼法解释第二十六条第一款的规定，批复增加了"且能够确定适格被告"的内容。根据批复规定，除非被告明显不适格，或者为规避法定管辖而多列被告，以及明显存在滥用诉讼权利等情形，即使原告所起诉的被告不适格，人民法院仍有义务查明适格被告，并告知当事人变更，而不能简单以被告不适格为由不予立案或者迳行裁定驳回起诉。当然，按照人民法院明确的释明引导变更适格被告，则是原告的义务；原告拒绝接受释明的，应当承担不利后果。（2018）最高法行再119号行政裁定即指出："同时，按照人民法院明确的释明引导变更适格被告，则是起诉人的义务；原告拒绝接受释明的，应当承担不利后果。因此，接受起诉状的中级人民法院对明显存在提高级别管辖、错列、多列被告的起诉，或者所诉行为明显不属于行政诉讼受案范围或者虽属于受案范围但不属于共同被告、不适宜一并审理的，应当先行释明引导，告知针对被告分别起诉，或者修改起诉状到有管辖权的基层人民法院起诉。起诉人愿意接受有管辖权的基层人民法院管辖的，接受起诉状的中级人民法院可以直接将起诉状移送至有管辖权的基层人民法院，由基层人民法院按照法律规定依法审查立案。起诉人拒绝按照释明的意见修改起诉状、变更适格被告，也不愿意到有管辖权的基层人民法院起诉的，接受起诉状的中级人民法院可依据行政诉讼法解释第五十五条第二款的规定，退回起诉状并记录在册；而无需裁定不予立案或者裁定驳回起诉，以免引发无效上诉和申请再审，浪费行政与司法资源，也延误起诉人选择正确诉讼渠道的时机甚至耽误法定起诉期限。”

需要说明的是，即使相关行政机关均否认实施了强制拆除行为，人民法院根据法律规定与在案的初步证据，亦可通过推定等证明方式，确定强制拆除类案件的适格被告。在行政机关组织开展集体土地征收、国有土地上房屋征收以及违建拆除等工作过程中，依法对建筑物和其他设施实施拆除，保障行政相对人合法权益，既是有关部门的法定职权，也是其必须履行的义务，更是其应尽的职责。因此，当强制拆除行为发生在上述行政管理活动过程中时，上述法定主体在否认自己实施强制拆除时，有义务对该主张加以证明。例如，（2018）最高法行再119号行政裁定阐明：“不论此类主体在实际拆除中是否以土地行政主管部门的名义实施相应行为，法律责任仍应由拥有法定职权的土地行政主管部门承担；除非该土地行政主管部门能够提供证据证明当地征地组织实施工作、强制拆除工作依法系由其他行政主体承担，其也不参与征地组织实施工作，或者有之前的生效裁判已经认定乡镇人民政府等主体实施了强制拆除行为。”

（二）进一步明确人民法院经审查在案证据或者依职权调查后也无法确定适格被告时的处理方式

强制拆除责任主体的确定，事关人民群众财产权、居住权等重大权益保护。当行政相对人未收到强制拆除决定书，实施强制拆除行为的主体不明确，相关行政机关互相推诿，人民法院经审查在案证据和依职权调查也无法确定适格被告时，人民法院不宜以“不存在适格被告”“被告不承认实施被诉强制拆除行为”等为由，迳行裁定不予立案或者驳回起诉，从而导致“告状无门”。针对前述情形人民法院应当如何处理问题，批复作了进一步明确。

1. 明确无法确定适格被告时人民法院的移送义务

根据土地管理法、城乡规划法、行政强制法、国有土地上房屋征收与补偿条例等法律法规规定，不论是土地房屋征收中对合法建筑的拆除，还是对违法建筑的拆除，均应严格履行相应程序，否则即构成违法。为全方位、无漏洞地保护公民合法权益，我国建立了民事诉讼、刑事诉讼和行政诉讼三种渠道，分别救济因民事侵权、刑事犯罪或者行政侵权而造成的合法权益损害。全国人大常委会法工委在《〈中华人民共和国行政诉讼法〉释义》中指出，行政诉讼的目的之一是监督行政机关依法行使职权，人民法院将在审理行政诉讼案件中发现的行政机关主管人员、直接责任人员违法违纪行为或者犯罪行为的有关材料移送有权处理机关，是监督行政机关依法行使职权的重要方式。党的二十届三中全会决定进一步指出，要“健全监察机关、公安机关、检察机关、审判机关、司法行政机关各司其职，监察权、侦查权、检察权、审判权、执行权相互配合、相互制约的体制机制，确保执法司法各环节全过程在有效制约监督下运行”。如前文所述，一个合法的强制拆除行为应当符合基本程序要求，但是违法强制拆除特别是暴力强制拆除行为往往并未履行相关程序。人民法院认为其中可能存在违法违纪行为或者犯罪行为的，可以依法移送。对此，批复明确规定，人民法院经审查各方当事人提供的证据或者依职权调查后，仍不能确定适格被告的，可以依据行政诉讼法第六十六条的规定，视情将有关材料移送有关机关调查。如此规定，主要是考虑在行政诉讼案件审理中，鼓励人民法院主动积极作为，穷尽一切手段调查确定适格被告，通过人民法院向有关机关履行移送义务，以及有关机关的进一步深入调查，从而为调查确定适格被告创造条件，避免久拖不决，进而为及时审理案件、及时判定责任、及时保护被拆除人的合法权益奠定基础。当然，我们认为，人民法院根据调查取证情况结合行政实体法规定、证据法基本规则，绝大部分案件是完全可以确定适格被告的，因此，批复规定的是“可以”移送而非“应当”移送。

2. 明确人民法院移送有关案件材料后应当裁定中止诉讼

根据行政诉讼法解释第八十七条的规定，在诉讼过程中，当出现影响诉讼继续进行的情形时，应当中止诉讼，待中止诉讼的原因消除后，再恢复诉讼。为了查明适格被告，人民法院依据行政诉讼法第六十六条的规定，将有关材料移送有关机关调查，在调查结果出来之前，考虑到适格被告仍未确定，影响诉讼继续进行，批复据此明确规定，此时人民法院应当裁定中止诉讼。有意见提出，裁定中止诉讼，容易产生长期未结案件，原告也可能因此对人民法院工作产生不满，建议将“裁定中止诉讼”修改为“裁定驳回起诉”。对此种意见，我们未予采纳。为防止案结事不了、一案结多案生现象，行政审判必须做实司法为民理念，行政法官必须主动担当作为，减少当事人的诉累。

（三）进一步明确“知道或者应当知道行政行为内容”的具体内涵及起诉期限规定

实践中，对“知道或者应当知道行政行为内容”是否包含行政主体，争议较大。调研中发现，相对人针对强制拆除行为超过一年起诉期限提起行政诉讼，往往主张强制拆除当时其并不知道强制拆除是由何主体具体实施，后通过信访、复议或者另案诉讼等途径方知悉强制拆除主体继而提起本案诉讼，据此主张其起诉并未超过法定起诉期限，或者虽然超过法定起诉期限但系有正当理由。批复针对该问题以及被告主张原告起诉超过起诉期限时举证责任的承担问题进行了明确。

1. 明确“知道或者应当知道行政行为内容”的具体内涵

全国人大常委会法工委有关部门在对相关征求意见函的回复中认为：“行政诉讼法第四十六条中规定的知道或者应当知道‘作出行政行为’，应当理解为既包括知道或者应当知道行政行为的内容，也包括知道或者应当知道作出行政行为的主体。”我们采纳了这一意见，批复规定，行政诉讼法第四十六规定的六个月起诉期限与行政诉讼法解释第六十四条规定的一年起诉期限，应当从公民、法人或者其他组织知道或者应当知道行政行为内容且知道或者应当知道该行为实施主体之日起计算。有意见认为，如果将“知道或者应当知道行政行为内容”理解为包括知道或者应当知道作出行政行为的行政机关，则起诉人以一直不知道被诉行政行为实施主体为由主张起诉未超过法定起诉期限，“陈年旧事”均可能形成诉讼，引发人民法院审理上的困难，法律效果和社会效果均难以保证。我们认为，适用行政诉讼法解释第六十四条规定的一年起诉期限规定的前提是，公民、法人或者其他组织知道或者应当知道行政机关实施了被诉行政行为，而知道作出行政行为的主体，是知道该行政行为的应有之义。在原告无从得知行为主体的情况下，由于无法满足起诉要件，因此其难以通过诉讼程序救济自身权利，这也就导致适用前述一年起诉期限规定的前提条件并不具备。对此，全国人大常委会法工委有关部门认为：“考虑到起诉期限涉及公民、法人和其他组织的诉讼权利，如行政机关实施拆除行为时行政相对人不在场，需要通过其他途径确认实施的行政机关的，建议在认定起算点时结合具体情况，作有利于相对人的理解和适用。”当然，公民、法人或者其他组织在知道或者应当知道强制拆除行为发生后，应当及时提起行政诉讼，便于人民法院依职权调查取证，尽早确定适格被告，而不宜久拖不诉，防止因相关证据材料灭失而承担不利后果。

2. 进一步明确被告主张原告起诉超过起诉期限时举证责任的承担

批复规定，被告主张原告自知道或者应当知道行政行为内容及实施主体之日起已经超过法定起诉期限的，应当承担举证责任。这是对《最高人民法院关于行政诉讼证据若干问题的规定》第四条第三款规定的进一步细化。法律要求一个完整的行政行为应当包括行政行为的内容、时间及告知行政相对人诉权和起诉期限。行政机关在作出涉及他人权益的行政行为时，有责任和义务告知行政相对人享有的诉权和起诉期限。因此，如果被告认为原告起诉超过法定起诉期限的，基于“谁主张，谁举证”的证据规则，此时应当由被告承担相应举证责任。

党的二十届三中全会决定明确指出，要“着力解决干部乱作为、不作为、不敢为、不善为问题”。强制拆除行为因具有强制性，涉及被强制主体的重大财产权益，因此，必须严格遵守法定程序，保障被强制主体依法获得救济的权利。程序是法治和恣意而治的分水岭，只有行政机关实施强制拆除时，及时作出强制拆除决定，依法表明身份，依法送达法律文书、依法采取强制措施，公民、法人或者其他组织才能及时通过申请行政复议、提起行政诉讼等方式来维护自身合法权益，让强制拆除纠纷得以及时通过法治化渠道获得解决，避免久拖不决，防范恶性事件发生。各级人民法院要以批复的公布为契机，在强制拆除主体不明的情况下，做实司法为民理念，依职权协助原告查明实施主体，确定适格被告，确保当事人依法获得救济的权利落到实处，努力让人民群众在每一个司法案件中感受到公平正义。

指导案例、典型案例与解读

检察监督与生态环境执法协同推进长江保护修复典型案例

（最高人民检察院、生态环境部2024年5月16日发布）

1. 上海市青浦区人民检察院诉徐某海等12人非法倾倒固体废物破坏交通设施刑事附带民事公益诉讼案

2. 江苏省宜兴市人民检察院诉科某水处理有限公司、范某勤等4人、陈某才等5人污染环境刑事附带民事公益诉讼案

3. 浙江省绍兴市柯桥区人民检察院督促整治固体废物污染环境行政公益诉讼案

4. 安徽省和县人民检察院督促整治长江金固港口环境污染行政公益诉讼案

5. 江西省宜春市彭某德等11人污染环境刑事公诉案

6. 湖北省宜都市人民检察院督促整治白溪河畜禽养殖污染行政公益诉讼案

7. 衡阳铁路运输检察院督促整治湖南省临武县锰渣场污染环境行政公益诉讼案

8. 重庆市南岸区人民检察院督促防治长江船舶污染行政公益诉

1. 上海市青浦区人民检察院诉徐某海等12人非法倾倒固体废物破坏交通设施刑事附带民事公益诉讼案

【关键词】

刑事附带民事公益诉讼　非法倾倒固体废物　追加被告　连带责任

【要旨】

针对非法倾倒固体废物危害航道安全、破坏生态环境的问题，检察机关综合履行刑事、公益诉讼检察职责，依法追究违法行为人刑事责任和公益损害责任。对于刑事被告人以外的违法行为人，可以依法追加其为刑事附带民事公益诉讼被告，诉请承担生态环境损害责任。

【基本案情】

大蒸港、俞汇塘水域属杭申线（上海段）和老长湖申线航道内水域。2022年9月至2023年2月间，徐某海、徐某、苏某、王某康等人将建设工程渣土非法运输至翟某亮事先寻找的位于大蒸港、俞汇塘等水域卸点，后翟某亮安排丁某阳在上述卸点指挥邱某、姚某群驾驶挖机将建设工程渣土倾倒至河道。经测量计算，所倾倒建设工程渣土造成杭申线上约 730 米长的淤高方量总计约 2 万立方米，老长湖申线上约 410 米长的淤高方量总计约 1.66 万立方米，淤高方量总计约 3.66 万立方米，导致航行船舶发生搁浅、沉船等重大风险。经鉴定，倾倒渣土不仅严重影响涉案水域航道正常航行，而且直接造成被占用水域范围内水生生物资源损害，需河流生态系统修复费用为人民币 528.7 万元。

【调查和诉讼】

2023 年 2 月 21 日，上海市青浦区人民检察院（以下简称青浦区检察院）参与青浦区生态环境局、交通委员会水上巡查行动时，发现 13 艘船只向黄浦江上游杭申线和老长湖申线航道内大蒸港、俞汇塘处水域非法倾倒建设工程渣土。经与生态环境、交通运输、水务等部门研判，认为违法行为人在航道内非法倾倒建设工程渣土等固体废物导致船舶搁浅、沉船等重大风险，可能涉嫌破坏交通设施罪，遂将该线索移送公安机关。

2023 年 2 月 28 日，青浦区检察院以民事公益诉讼立案调查，并提前介入引导公安机关侦查取证，查明徐某海、翟某亮等 8 人擅自将建设工程渣土直接倾倒至大蒸港、俞汇塘等水域的违法事实。经青浦区生态环境局委托第三方公司进行河道断面测量和航道通航安全分析，俞汇塘西侧、杭申线北岸近岸距离 12～24 米范围内，有约 730 米长的淤高，现状泥面标高达 0.8～1.6 米，影响杭申线上千吨级船舶的正常航行所需的底宽；老长湖申线东侧防汛墙墙前、老朱枫公路桥北侧直至分叉口西侧合计约 410 米长范围内有异常淤高，墙前 20 米内泥面标高在 1.5～1.8 米，部分已达 2.4～2.8 米，侵入航道底宽内，严重影响船舶正常航行所需的底宽。

青浦区检察院于 2023 年 3 月 22 日发布民事公益诉讼公告，于同年 3 月 28 日、4 月 26 日先后对徐某海等人以涉嫌破坏交通设施罪批准逮捕。同时通过走访生态环境、绿化和市容管理等部门，调取转运码头台账、银行流水明细等，溯源查明徐某海等人违法倾倒的建设工程渣土来源于上海某建筑工程有限公司经营的青浦区天一路码头，该公司及其法定代表人崔某梅、实际控制人崔某、崔某军在明知徐某海等人无建筑垃圾水路运输许可的情况下，将23余万吨的建设工程渣土以28元/吨的价格交给其处置，并支付处置费用共计人民币650余万元。青浦区检察院审查认为，上海某建筑工程有限公司等违反固体废物污染环境防治法、航道法等规定将建设工程渣土交给无建筑垃圾水路运输资质的徐某海船队运输处置，与徐某海方非法运输、翟某亮方非法倾倒行为结合造成同一损害后果，根据民法典第一千一百六十八条的规定，系共同侵权，应当承担连带责任。

2023年8月23日，青浦区检察院以破坏交通设施罪对徐某海等8名被告人提起公诉，同年9月5日对上述8名被告人提起刑事附带民事公益诉讼，并依法追加尚不构成犯罪的上海某建筑工程有限公司等违法行为人为共同被告，诉请连带赔偿生态修复费用528.7万元及鉴定评估费用41.3万元。2024年1月17日，上海市青浦区人民法院以破坏交通设施罪判处徐某海等8人有期徒刑一年三个月至五年六个月不等；判处上海某建筑工程有限公司、徐某海等12人共同承担生态环境损害修复责任。一审判决后，被告人均未上诉，判决生效。截至2024年4月，收到赔偿款项275.5万元，缴至公益诉讼专项基金内，依法用于受损生态修复。

对于案件背后暴露出的建筑垃圾处理监管问题，青浦区检察院通过行政公益诉讼督促青浦区城市管理行政执法局及时溯源查处提供建设工程渣土的源头工地，并作出行政罚款30万元；推动青浦区绿化和市容管理局加强建筑垃圾源头申报管理、事中事后及运输环节监管工作，全链条整治建筑垃圾行业。同时，联合青浦区生态环境局向党委专题汇报，推动出台全市首个县区级建筑垃圾全过程管理实施意见，明确生态环境、绿化和市容管理等12部门职责，形成建筑垃圾来源可溯、去向可寻的闭环监管。

【典型意义】

近年来，随着城市化进程的加快，固体废物非法倾倒从陆地向水域蔓延。检察机关针对非法倾倒建设工程渣土等固体废物破坏长江航道安全和生态环境问题，注重协同履职，助力生态环境、公安机关等部门开展检测、鉴定、侦查取证等工作；坚持综合履职，同步追究违法行为人刑事责任和公益损害责任，依法追加尚不构成犯罪的违法行为人为民事公益诉讼共同被告，落实最严格的生态保护制度，严惩危害长江航道安全行为，修复受损生态环境。同时，以点带面推动区域内建筑垃圾处置监管治理问题，协力守护长江生态环境和航道安全。

2. 江苏省宜兴市人民检察院诉科某水处理有限公司、范某勤等4人、陈某才等5人污染环境刑事附带民事公益诉讼案

【关键词】

刑事附带民事公益诉讼　固体废物　大数据法律监督模型

【要旨】

刑事检察与公益诉讼检察可以同步介入污染环境案件，综合履行法律监督职能。对审查案件中新发现的污染物，通过引导侦查取证，查清“案外案”；对同一地点不同固体废物所造成的生态环境损害赔偿费用，应根据责任自负原则，按照合理方式分别计算。注重溯源治理，与生态环境部门建立数据共享机制，通过开发大数据法律监督模型，提升危险

废物监测预警能力。

【基本案情】

2020年11月，被告人陈某豪承接一批被非法填埋的废水处理污泥（呈蓝绿色，以下简称“绿泥”）的处置业务，处置费用为580元/吨。陈某豪为非法牟利，仅将其中130吨送往有资质的公司处置，剩余4700余吨“绿泥”交由陈某才、张某征非法处理，跨市运至江苏省宜兴市，露天堆放在太湖流域一支流河道沿岸。经鉴定，堆放地点土壤环境受到损害，造成固体废物处置费、生态环境修复费等各项费用共计1300余万元。

2021年1月，江苏省泰州市科某水处理有限公司（以下简称科某公司）法定代表人范某勤，明知科某公司处置重金属铬后产生的尾渣属危险废物（具致癌性，呈黄褐色，以下简称“黄泥”），安排人员出具虚假检测结果，并将1920吨“黄泥”以一般固体废物的名义交无危险废物处置资质的吴某平等人，露天堆放在“绿泥”旁。经鉴定，对堆放地点土壤环境造成损害，严重污染周边环境，造成生态环境修复费等各项费用共计470余万元。

【调查和诉讼】

2021年2月，江苏省生态环境厅接到举报，称江苏省宜兴市一河道沿岸有大量来源不明的“绿泥”。接上述通报后，宜兴市生态环境局立即开展调查。经检测，“绿泥”含有重金属铜，且对堆放地点环境造成损害，涉嫌污染环境罪，遂启动行刑衔接机制，将该案移送宜兴市公安局立案侦查。

宜兴市公安局2021年2月7日对“绿泥”案立案后，依托与宜兴市生态环境局、宜兴市人民检察院（以下简称宜兴市检察院）建立的《关于办理污染环境案件提前介入的工作机制》，邀请宜兴市检察院介入侦查。刑事检察官与公益诉讼检察官会同公安机关、生态环境局办案人员查看现场，发现涉案区域除该案的污染物“绿泥”外，还有来源不明、形态异常的“黄泥”。为进一步明确“黄泥”来源，固定提起刑事附带民事公益诉讼所需相关证据，检察机关建议生态环境部门对“黄泥”进行检测，引导公安机关调取“绿泥”运输车辆行驶轨迹、询问上下游环节证人，查明“黄泥”系具有致癌性的危险废物，且排除了陈某才等人倾倒的可能。宜兴市检察院认为“黄泥”可能系新的污染环境犯罪的污染物，经与宜兴市公安局沟通，推动宜兴市公安局于2021 年 3 月 30 日对“黄泥”案立案侦查，并陆续抓获范某勤等“黄泥”案涉案人员。

2021 年 6 月 9 日、10 月 14 日，宜兴市检察院先后以刑事附带民事公益诉讼对“黄泥”案、“绿泥”案立案并公告。因涉案“绿泥”与“黄泥”毗邻堆放，由有关部门共同处置，第三方机构就“公私财产损失”出具意见时未区分两案各自产生的应急处置费用。检察机关审查后认为，“公私财产损失”作为污染环境罪入罪条件之一，数额关系行为人的定罪量刑及刑事附带民事公益损害赔偿，故请第三方机构根据污染物重量的占比分别确定两案的应急处置费用，进而准确认定两案公私财产损失数额。

2021 年 10 月 23 日、12 月 22 日，宜兴市检察院分别以污染环境罪对两案向集中管辖法院苏州市姑苏区人民法院提起刑事附带民事公益诉讼，在依法追究两案被告人刑事责任的同时，诉请判令赔偿因污染环境导致的污染物处置、生态修复、评估鉴定等费用，并在省级以上媒体就其污染环境的行为赔礼道歉。2022 年 6 月 24 日，苏州市姑苏区人民法院判决支持检察机关诉讼请求，以污染环境罪判处“黄泥”案科某公司罚金人民币五十万元，范某勤等 4 人有期徒刑四年六个月至一年六个月不等，各并处罚金；判处附带民事公益诉讼被告共同承担生态环境损害赔偿费用 470 余万元。同年 9 月 22 日，苏州市姑苏区人民法院以污染环境罪判处“绿泥”案陈某才等5人有期徒刑三年十个月至三年不等，各并处罚金，同时判处民事公益诉讼被告共同承担生态环境损害赔偿费用1300余万元。判决后，“绿泥”案被告人陈某才、陈某豪、雷某不服判决，提出上诉。2023年6月14日，南京市中级人民法院驳回上诉，维持原判。在生态环境部门组织下，“绿泥”“黄泥”均运回污染来源地依法处理，堆放点受损生态环境全面修复。

针对办案中发现污染物脱管等问题，宜兴市检察院积极推动与生态环境等部门建立监管数据共享机制，并基于重点产废单位数据研发危险废物大数据监督平台，通过规则测算产废单位应产废量，对申报产废量进行有效监管。平台上线运行后，发现违规处置危险废物公益诉讼检察线索56条，涉及脱管、漏管危险废物数量572吨，立案办理行政公益诉讼，制发审前检察建议，督促生态环境部门对8家企业行政立案调查；办理民事公益诉讼案件6件，追索公益损害赔偿金90余万元。

【典型意义】

长江流域跨市非法倾倒、处置固体废物，往往选择隐蔽地点作案，同一地点可能发生多起污染犯罪。检察机关依法综合履职，对案件中发现的另案线索，依托行刑衔接机制，发挥法律咨询与引导侦查作用，追根溯源，发现“案外案”；针对不同倾倒固体废物污染环境案共同造成的公私财产损失，实质审查第三方机构出具的损害评估意见，准确区分民事公益损害赔偿连带责任，与体现责任自负原则的刑事责任，确保罚当其罪。坚持做好“后半篇文章”，充分利用大数据赋能，提升与生态环境部门的协作质效，提前发现风险隐患，构建危险废物源头防控齐抓共管大格局。

3. 浙江省绍兴市柯桥区人民检察院督促整治固体废物污染环境行政公益诉讼案

【关键词】

行政公益诉讼　提起诉讼　固体废物

【要旨】

检察建议发出后，行政机关逾期未全面履职的，检察机关应当提起行政公益诉讼。诉讼过程中，行政机关主动履行职责，受损公益得到有效修复的，检察机关可以依法撤回起诉。对办案中涉及的专业问题，检察机关可以商请生态环境部门提供技术支持。

【基本案情】

浙江省绍兴市柯桥区钱清街道钱清村与南钱清村交界地块，位于浙东运河支流东小江堤岸。2022 年 8 月 20 日，绍兴某环保有限公司法定代表人陈某某从绍兴某喷织有限公司处租赁该地块，后其在未经审批且未采取任何污染防治措施情况下，在租赁地块上倾倒建筑垃圾、生活垃圾等固体废物混合物并开展分拣活动，固体废物堆积面积达 7 亩，总容量约 3 万立方米。受市场需求影响等，分拣业务中断，堆放的固体废物形成巨大垃圾山，既破坏运河支流生态环境，又影响村居风貌，周边群众多次向有关部门反映，但行政机关未依法履职，损害社会公共利益。

【调查和督促履职】

2022 年 12 月，浙江省绍兴市柯桥区人民检察院（以下简称柯桥区检察院）在开展护航亚运专项监督中发现上述线索，经初步调查后，于2023年1月5日立案。通过无人机航拍勘查、询问证人、查询审批事项，发现堆积形成的垃圾山紧邻浙东运河支流东小江，与亚运通行要道仅距离600余米。柯桥区检察院邀请生态环境部门共同现场勘查，初步查明现场固体废物为建筑垃圾、生活垃圾等混合物。经委托第三方环境鉴定机构取样检测，涉案堆场的废水和土壤样品中含汞、锌等重金属和列入《有毒有害水污染物名录（第一批）》的有毒有害物质甲醛。环境鉴定机构评估认为，涉案污染物长期堆放对土壤、地表水、地下水以及大气环境造成污染。

根据行政处罚法、《浙江省综合行政执法条例》及相关配套地方规范性文件等规定，对随意倾倒堆放建筑垃圾、生活垃圾等废弃物，擅自设立弃置场收纳建筑垃圾等事项的行政处罚权以及相应的行政监督检查、行政强制措施职权由属地镇街相对集中行使。本案中，钱清街道办事处对涉案地块环境整治负有行政监管职责。2023年1月17日，柯桥区检察院向钱清街道办事处送达检察建议，督促其依法及时处置涉案地块非法堆放固体废物问题。2023年3月14日，钱清街道办事处书面回复称，已向违法堆放固体废物的相关责任人送达责令整改通知书，并要求其制订计划在限定时间内清运现场的固体废物，相关责任人已按照街道的要求按计划开展固体废物清运工作，计划于2023年4月底完成清理。

2023年5月底，柯桥区检察院跟进调查发现，涉案地块仍有近2万立方米的存量固体废物尚未清理，在检察建议发出后仍有新增固体废物被陆续堆放于此。尽管钱清街道办事处对涉案固体废物违法情形进行调查，但其未及时采取有效行政措施督促违法行为人清运固体废物，社会公共利益持续受损。柯桥区检察院经审查认为，本案符合行政公益诉讼起诉条件。

【诉讼过程】

2023 年 6 月 25 日，柯桥区检察院向绍兴市柯桥区人民法院提起行政公益诉讼，请求判令钱清街道办事处对涉案场地被违法倾倒堆放建筑垃圾等固体废物混合物的情形全面履行监管职责。

提起诉讼后，钱清街道办事处高度重视，召开专题会议研究涉案地块环境整治方案，督促违法主体加快清运进度。同时，主动联系柯桥区检察院，反映大宗固体废物处置易产生新的污染、违法当事人因资金困难导致清运进度滞缓等问题。柯桥区检察院与钱清街道办事处、生态环境部门以及场地出租方等达成一致意见，由生态环境部门指导相关责任人制订和实施固体废物处置方案，合力加快推进涉案场地修复工作。修复完成后，经第三方环境鉴定机构检测评估，涉案地块清理后未发现污染物项目指标异常，该地块符合土地规划用途要求。柯桥区检察院结合检测评估报告，并经多次实地现场勘查，认为受损公益已得到修复。

2023 年 11 月 1 日柯桥区检察院召开听证会。应邀参加听证的人大代表、政协委员、生态环境执法人员和当地群众代表一致认为，钱清街道办事处已全面履职。2023 年 11 月 7 日，柯桥区检察院依法撤回起诉，法院裁定准许。

【典型意义】

大宗固体废物处置已成为生态环境可持续发展“老大难”问题。检察机关针对行政机关收到检察建议后未采取有效措施全面落实整改的情况，依法提起行政公益诉讼，确保法律监督刚性，以诉的确认实现司法价值引领。办案中，检察机关主动加强与生态环境部门的沟通协作，合力助推行政机关实质解决问题，切实保护浙东运河流域生态环境。

4. 安徽省和县人民检察院督促整治长江金固港口环境污染行政公益诉讼案

【关键词】

行政公益诉讼　检察建议　港口污染　协同履职　系统治理

【要旨】

针对生态环境问题涉及多个行政机关监管职责的，检察机关从最有效保护公益出发，通过检察建议、圆桌会议等方式督促相关行政机关依法协同履职，合力推动问题整改。

【基本案情】

金固港口位于安徽省和县长江石跋河口南岸，共有11个码头泊位，是长江中下游地区重要矿建材料中转地，年吞吐量逾500万吨。2020年以来，港口作业区物料未采取覆盖措施露天堆放，港口作业产生的淋溶水等污水直排长江，且港口未经批准占用近80亩长江滩涂搭建物料堆场、停车场，导致长江岸线大气、水域受污染，沿岸湿地被破坏。

【调查和督促履职】

2020年、2021年，长江（安徽）经济带生态环境警示片连续两年披露金固港口环境污染问题。2022年2月，安徽省人民检察院将案件线索逐级交办和县人民检察院（以下简称和县检察院）。经初步核查，该港口环境污染问题涉及多个方面，相关行政机关监管职责不清，未能有效推动治理，致问题反复发生，影响长江经济带中下游地区生态环境。为推动问题及时整改，2022 年 2 月 25 日，和县检察院以事立案，经现场勘查、无人机航拍、快检设备检测，查明相关公益受损事实。

2022 年 2 月 28 日，根据环境保护法、长江保护法等法律规定，和县检察院向和县生态环境分局制发检察建议，建议其依法履行环境污染监管职责。和县生态环境分局收到检察建议后提出，案涉港口存在环境污染、占用长江滩涂等多种违法情形，需要水利、港航等多个监管部门协同推进整改。2022 年 3 月 4 日，和县检察院组织生态环境、水利、港航及属地政府召开圆桌会议，形成以和县生态环境分局行政执法为主，其他行政机关协同配合的共识，并就企业整改议定了封堵排污口、疏通收集槽、补植复绿等举措。

圆桌会议后，相关行政机关积极协同履职，督促金固港口对作业区物料及时清运或采取有效覆盖措施，对平台全部排水口实施封堵，疏通拓宽导流沟并建成 2 座容积分别为 1680 立方米、480 立方米的雨水和淋溶水处理装置，清退违法占用的长江滩涂并补植复绿。2022 年 6 月 30 日，案涉生态环境问题经评估整改到位并验收销号。2022 年 7 月 7 日，和县检察院对本案作出终结案件决定。

为全面提升县域长江岸线生态功能，和县检察院依托府检联动工作机制，推动生态环境、交通、水利、港航等有关部门对长江流域（和县段）各港口联合开展专项检查，对 4 家港口企业存在的大气污染、污水直排以及占用长江滩涂问题依法查处，责令退还违法占用的江滩 200 余亩，取缔长江沿岸 21 家无证砂场，推动融合建成 1680 亩的连片区浮沙圩滨江湿地公园。

【典型意义】

对于长江（安徽）经济带生态环境警示片披露金固港口环境污染问题，因行政机关监管职责不清，未能有效整改治理致使问题反复发生的，检察机关在全面调查取证和分析评估的基础上，发挥行政公益诉讼督促履职和协同支持作用，制发检察建议推动有关行政机关积极整改，同时考量多部门职能交叉情况，依托府检联动机制，组织召开圆桌会议推动各方联动履职，协同配合，促使问题全面整改、系统治理。

5. 江西省宜春市彭某德等 11 人污染环境刑事公诉案

【关键词】

链条式污染环境　危险废物处置　生态损害赔偿案件专用资金账户

【要旨】

办理“链条式”非法处置危险废物污染环境案件中，检察机关通过提前介入，引导侦查取证，深挖犯罪源头，对危险废物生产者、中间转包商、实际倾倒人及其他帮助者实施全链条惩治。强化与生态环境部门协作配合，依托行刑衔接机制，充分发挥检察一体化履职优势，及时移送案件线索，解决跨地区污染治理难题。

【基本案情】

2021 年 11 月，被告人胡某兵和庄某兴在无危险废物处置资质的情况下，约定合伙处置废铝灰获利。胡某兵找到江西某实业有限公司车间承包人即被告人谢某金。谢某金为降低成本，明知胡某兵无废铝灰处置资质，将生产中产生的废铝灰交由胡某兵处置，并支付每吨 280 元的处置费。庄某兴随后将处置事宜交被告人王某。王某通过徐某生、彭某德、潘某林、曾某健等人找到江西省宜春市袁州区天台镇某村一处废弃的露天仓库作为废铝灰倾倒点。彭某德另通过被告人唐某协调当地村民解决运输铝灰时产生的纠纷。后胡某兵先后从谢某金处装运废铝灰并倾倒在该露天仓库共计 752.57 吨。

另查明，王某于 2021 年 11 月，多次从刘某平（另案处理）处接收 4 车共 134.5 吨废铝灰，通过徐某生、邹某明（另案处理）、余某朱（另案处理），非法倾倒在江西省新余市分宜县某山场；2022 年 1 月 13 日至 2022 年 4 月初，受张某华委托，多次接收废铝灰共计 205.2 吨，倾倒至新余市分宜县某村，由沈某驾驶铲车推平并覆土掩盖。经鉴定，所有涉案废铝灰均系危险废物。

【检察履职情况】

2022 年 8 月 19 日，江西省宜春市袁州区生态环境局接天台镇群众举报，称山林中堆放大量散发刺鼻气味不明物品，故会同江西省宜春市公安局袁州分局（以下简称袁州分局）开展现场调查，并请袁州区人民检察院（以下简称袁州区检察院）了解情况。经初步检测研判，非法倾倒物疑似废铝灰，该案涉嫌刑事犯罪，遂依法移送公安机关办理。

2022 年 9 月 16 日，袁州分局对天台镇污染环境案立案侦查，当日将实施倾倒行为的彭某德、曾某健、潘某林、唐某等 4 人传唤到案。经公安机关商请，袁州区检察院提前介入。针对该案犯罪链条长、涉案人员多、污染物废铝灰来源不明等情况，检察机关引导侦查人员从提供场地的人员入手，通过固定手机微信聊天记录和转账记录等方式向前溯源，逐步查明了倾倒、运输、居间介绍、承接处置、产废各环节的参与人员身份，并明确各涉案人员具体行为及作用。通过开展上述工作，其余涉案人员陆续自动投案或被抓获归案。

因案件系重大跨区域倾倒危废案件，2022 年 12 月 30 日，最高人民检察院、公安部、生态环境部决定联合挂牌督办。2022 年 11 月 15 日、2023 年 1 月 5 日，江西省新余市公安机关先后将王某实施的另两笔非法倾倒废铝灰案移送袁州分局与天台镇污染环境案并案侦查。2023 年 1

月 20 日，袁州分局将彭某德等 11 人污染环境案依法移送袁州区检察院审查起诉。

为避免涉案废铝灰影响周边群众的生产生活，2023 年 2 月，袁州区检察院和袁州区慈化环保所、医药园环保所共同开展工作，促成袁州区天台镇政府先行应急处置涉案废铝灰。因王某等人倾倒在分宜县的废铝灰有污染附近水域风险，宜春市检察院将该线索移交新余市检察院。新余市检察院通过发出行政公益诉讼检察建议的方式，监督有关部门对现场废铝灰进行清运处置，做无害化处理。

2023 年 6 月 16 日，袁州区检察院以污染环境罪对彭某德等 11 名被告人提起公诉。袁州区人民法院审理期间，将涉嫌其他犯罪案件的张某华移送主要犯罪地审理。2024 年 4 月 28 日，一审法院以污染环境罪判处彭某德、庄某兴等 9 名被告人有期徒刑三年五个月至一年六个月不等，各并处罚金，其中情节较轻的沈某缓期二年执行。

为解决案件办理中发现的非法倾倒危险废物案件鉴定费用高、生态修复难等问题，2022 年 11 月，袁州区检察院与袁州分局、袁州区生态环境局、袁州区天台镇政府共同协商，在天台镇政府设立生态案件专用资金账户，统一接收生态环资类案件生态损害赔偿资金，用于支付相关案件鉴定、污染物处置及生态环境保护、修复、治理费用。

【典型意义】

随着非法倾倒工业危险废物问题日趋严峻，不法分子为牟取不正当利益，形成非法产、运、销、处置的黑灰产业链。检察机关办案中，通过有效引导侦查取证，依法准确查清各环节、各涉案人员犯罪事实，全链条惩治违法犯罪。同时加强与生态环境等部门的协同，依托省、市、县三级行刑衔接机制和检察一体化办案机制，确保多地点、跨区域倾倒的危险废物依法得到妥善处置，及时有效遏制污染源扩散。积极探索设立生态环境损害赔偿资金专用账户，实现专款专用，精准解决污染环境案件中鉴定费用高、危险废物处置成本高等问题，有效助力长江流域生态环境保护工作。

6. 湖北省宜都市人民检察院督促整治白溪河畜禽养殖污染行政公益诉讼案

【关键词】

行政公益诉讼　检察建议　畜禽养殖污染　暗管直排　综合治理

【要旨】

针对畜禽养殖污染水环境的违法行为，检察机关通过行政公益诉讼检察建议，督促有关行政机关依法履行监督管理职责。办案过程中，可以联合生态环境部门开展调研，确定问题成因，推动多部门联动开展专项整治，综合治理流域畜禽养殖污染问题。

【基本案情】

湖北宜都紧邻长江，水资源丰富，境内白溪河属长江水系。近年来，宜都市畜禽养殖业蓬勃发展，畜禽养殖场达 614 家，但是部分养殖场违规处置污染物，白溪河上游三溪口处有 2 家规模化生猪养殖场利用地下溶洞私设暗管向白溪河直排大量未经处理的畜禽粪污。经检测，白溪河下游水体中氨氮含量 1.72mg/L，超出《地表水环境质量标准》（GB 3838—2002）氨氮含量评价标准。

【调查和督促履职】

2023 年 8 月 12 日，湖北省宜都市人民检察院（以下简称宜都市检察院）接到群众反映，宜都市王家畈镇小河村有生猪养殖户向白溪河直排污染物。宜都市检察院前往白溪河上游三溪口处实地核查，发现大量黑色粪污沿白溪河顺流而下，恶臭难闻，遂于2023年8月16日立案调查，并商请生态环境部门协助取样检测。因涉案地属于喀斯特地貌，山高林密，畜禽养殖户多，排污隐蔽性强，调查取证难度高、专业性强。宜都市检察院商生态环境部门提供专业支持。经调取分析比对王家畈镇小河村生猪养殖户出栏数、化粪池设计库容、粪污消纳台账等数据，发现白溪河上游三溪口处宜都市白溪河某生态养殖场、宜都市某生猪养殖场2家规模化生猪养殖场的粪污处理数据异常。进一步实地勘查、询问养殖场负责人后，查明了该2家生猪养殖场利用喀斯特地貌溶洞私设暗管直排粪污破坏生态环境的违法事实。

2023年8月25日，依据水污染防治法、固体废物污染环境防治法、《畜禽规模养殖污染防治条例》等规定，宜都市检察院向宜昌市生态环境局宜都市分局制发检察建议，建议其依法履行水生态环境保护监管职责，加大对畜禽养殖污染的行政执法力度；向宜都市农业农村局制发检察建议，建议其依法履行畜禽养殖废弃物综合利用监管职责；向宜都市王家畈镇人民政府制发检察建议，建议其协助有关部门做好畜禽养殖污染防治工作。检察建议发出后，宜都市检察院联合宜昌市生态环境局宜都市分局开展白溪河畜禽养殖污染问题调研工作，发现白溪河上游周边畜禽养殖项目空间布局规划不合理、畜禽养殖场过于集中，生产粪污超过周边农田生产需求，加上公共粪污消纳池不足，造成粪污还田与粪污库容之间的周期性供需矛盾较为突出，养殖场违法处置污染物时有发生。宜都市检察院组织召开联席会议推动相关行政机关形成监管合力，合理规划畜禽养殖项目空间布局，加强畜禽废弃物综合利用工作，推动问题综合治理。

收到检察建议后，相关行政机关依法履职，积极整改，联合开展白溪河畜禽养殖污染专项整治行动，并按期书面回复。宜昌市生态环境局宜都市分局在查清事实的基础上，依法责令上述2家生猪养殖场对暗管直排粪污行为进行整改，并作出行政处罚，同时加大对白溪河周边畜禽养殖场巡查力度，逐步提升养殖户的守法经营意识。宜都市农业农村局对2家生猪养殖场下达整改通知书，促使其正常运转粪污消纳实施，及时清运生猪粪污。同时，对全市畜禽养殖场粪污消纳设施运转情况进行专项检查，下达整改通知书187份，推进畜禽粪污资源化利用项目建设。宜都市王家畈镇人民政府落实属地监管责任，新添吸粪车、新建公共消纳池，优化现存畜禽养殖项目的空间布局，并逐步迁移白溪河沿岸规模化畜禽养殖场。

经综合治理，白溪河沿岸的畜禽粪污直排行为得到有效遏制，河面颜色由黑转绿，粪污异味消散不见。经检测，白溪河下游水体中氨氮含量降为0.622毫克/升，水质情况明显好转。2023年11月，宜都市检察院开展“回头看”活动，受邀参加人大代表、“益心为公”志愿者均认可整治成效。

【典型意义】

随着规模化畜禽养殖业的快速发展，一些地方畜禽养殖污染问题日益凸显。检察机关针对个别规模化畜禽养殖场私设暗管、逃避监管违法排污污染长江水系河流的行为，依法能动履职，通过制发检察建议等方式，督促生态环境、农业农村等部门及属地政府加大行政执法力度，依法协同整治违法排污行为。同时，与生态环境部门深入调查问题成因，促使全域范围内开展专项整治行动，因地制宜，综合施策，有效治理河流畜禽养殖污染问题，改善农村人居环境，助力长江流域水环境保护。

7. 衡阳铁路运输检察院督促整治湖南省临武县锰渣场污染环境行政公益诉讼案

【关键词】

行政公益诉讼　矿业污染　指定管辖　一体化办案

【要旨】

针对中央生态环境保护督察、长江经济带生态环境警示片多次披露，行政机关仍未依法整改到位的矿业污染问题，检察机关实行一体化办案，省级院靠前指挥、铁路运输检察院管辖、地方检察院协助调查，通过磋商、圆桌会议、检察建议等方式，督促县级政府统筹各职能部门依法全面履职，推进矿业污染系统治理。

【基本案情】

湖南省郴州市临武县地处南岭山脉，系湘江、珠江两江之源，境内矿产资源丰富，涉矿企业众多。临武县某锰业有限责任公司（以下简称锰业公司）是一家电解锰冶炼企业，2009 年 3 月投入生产，2014 年 8 月停产，期间产生的 5.4 万立方米锰废渣一直露天堆放，污染周边环境。中央生态环境保护督察、长江经济带生态环境警示片 3 次披露锰业公司锰废渣露天堆放污染环境以及整改不彻底问题。临武县人民政府（以下简称临武县政府）2022 年前已投入 1600 余万元整改，但仍未有效处置锰废渣，填埋场周边地下水氨氮、锰浓度分别高达 54 毫克/升、62 毫克/升，严重超标，环境风险突出。

【调查和督促履职】

因涉案污染问题持续时间长、社会关注度高、易受地方干扰，2022 年 6 月 28 日，经最高人民检察院交办，湖南省人民检察院（以下简称湖南省检察院）指定衡阳铁路运输检察院（以下简称衡阳铁检院）管辖并挂牌督办。

考虑到本案矿业污染还涉及资源保护、安全生产、资金监管等问题，2022 年 8 月 23 日，衡阳铁检院以事立案，湖南省检察院牵头成立联合专案组开展调查，属地市县两级检察院协同配合。通过现场勘查、委托鉴定、调取资料、询问有关人员等方式，查明锰业公司未按环评要求建锰渣场等防污设施，生产线未经验收投入生产，违法占地建房，擅自取水造成水土流失，未落实安全生产责任，虚报资料骗取中央资金；填埋场未按锰渣场标准处理，渗滤液超标排放、复垦复绿不达标、遗漏锰废渣未处置，周边土壤、水体持续被污染。

办案中，联合专案组多次听取省长江办及市、县两级行政机关意见，组织召开座谈会、磋商会、专家评审会等，及时通报案件情况，督促形成整改方案，依法追究骗取资金人员刑事责任，督促县财政、发改、工信等部门整章建制，加强财政拨付审核监管。2023 年 4 月至 5 月，衡阳铁检院先后向郴州市生态环境局、临武县自然资源、水利、应急管理等部门及水东镇政府发出检察建议，督促其依法全面履职，采取有效措施治理锰业公司锰渣场污染环境风险问题。有关行政机关均按期予以回复。

经检察机关跟进调查，临武县政府统筹各职能部门推进锰渣场环境污染综合治理，申请中央、省级专项资金 4600 余万元，已投入整改资金 2463 万元，锰业公司风险管控项目一期工程已完工。其中，郴州市生态环境局应急处置遗漏锰废渣 5160 立方米；县自然资源局异地代履行植树造林 63.2 亩；县水利局确认水土保持补偿费 64 万元；县应急管理局排查辖区锰渣场安全隐患 109 条并下达执法文书 13 份；属地镇政府协助开展土壤和地下水风险管控，外接自来水入户保障群众饮用水安全。

【典型意义】

针对长江流域矿渣场、尾矿库等矿业污染持续时间长、遗留问题多、修复资金缺口大等难题，检察机关通过指定管辖、挂牌督办实行一体化办案，以“专业化监督+恢复性司法+社会化治理”生态检察模式，推进矿业污染的系统治理、综合治理、溯源治理，以公益诉讼检察协同推进湘江、珠江两江之源生态环境保护。

8. 重庆市南岸区人民检察院督促防治长江船舶污染行政公益诉讼案

【关键词】

行政公益诉讼　长江船舶污染　公开听证　协同履职

【要旨】

针对长江老旧码头长期未接收靠港船舶污染物问题，检察机关可以通过行政公益诉讼磋商督促相关行政机关依法履职；整改工作涉及多个部门职责的，可以通过公开听证形成整改合力，促进实现协同共治。

【基本案情】

长江重庆南岸段河道总长 51 公里，共有货运码头 9 个，靠港船舶数量较多，年货物装卸量 1000 万余吨。其中江贵建材码头、茂霞建材码头等 5 个老旧码头因历史遗留原因，存在未取得港口经营许可证、船舶生活污水及含油污水接收设施长期建而未用、部分船舶污染物接收设施不能正常运转等问题，导致靠港船舶无法送交船舶污水，产生污水直排入江风险，影响长江船舶污染系统防治。

【调查和督促履职】

重庆市南岸区人民检察院（以下简称南岸区检察院）在落实最高人民检察院部署的长江船舶污染治理公益诉讼专案中发现本案线索，遂于 2023 年 4 月 7 日决定以行政公益诉讼立案调查。

南岸区检察院经多次实地勘查、走访相关行政机关、调取书证，查明案涉 5 个老旧码头因城市发展规划、政策变更等多种历史因素，未按照港口法第二十二条、水污染防治法第六十一条、《中华人民共和国防治船舶污染内河水域环境管理规定》第八条等相关规定取得港口经营许可，及时接收船舶污水。对此，重庆市南岸区交通局负有监管职责。

2023 年 4 月 12 日，南岸区检察院与区交通局进行磋商，督促其依法履行对辖区老旧码头船舶污染物防治监管职责。区交通局采纳检察机关磋商意见，形成初步整改方案。同年 6 月 1 日，该局向南岸区检察院回复，称已开展整改工作，但面临需整改码头数量多、部分船舶污染物接收设施改造难、码头接收船舶污水后暂无法移交转运等问题，系统整改难度大，需其他部门协同配合。

2023 年 6 月 16 日，南岸区检察院邀请南岸区生态环境局、区交通局、人大代表、政协委员及具有船舶污染防治专业知识的“益心为公”志愿者，针对区交通局面临的履职困难及多部门协同履职问题进行公开听证。听证会上，听证员认为解决老旧码头无证经营问题是解决其他违法问题的前提，但应避免“一关了之”，建议由区交通局对老旧码头开展整改评估，再根据整改成效决定是否核发港口经营许可证，由区生态环境局协作配合，对案涉码头船舶污染物防治问题进行执法检查，形成监管整改合力。

听证会后，区生态环境局牵头制定《关于加强港口码头污染防治工作的通知》等3个规范性文件，组织对辖区5个老旧码头开展专项执法检查、协同区交通局指导5个码头开展船舶污水、固废、扬尘等污染防治设施的规范化整改，并达到环评要求。2023年8月，区交通局书面回复，已依法向案涉5个码头核发港口经营许可证，并安装使用“船E行”数字监管平台，同时推动辖区所有货运码头与有资质公司签订船舶污染物转运、处置协议，实现了船舶污染物“接收—转运—处置”全流程闭环监管。

同年8月31日，南岸区检察院联合区生态环境局、区交通局、有关民主党派对整改效果开展实地跟进监督，案涉码头船舶污染物均实现有效处理，船舶污染隐患得到消除，遂依法作出终结审查决定。目前，案涉5个码头通过“船E行”数字监管平台共接收靠港船舶生活垃圾超54吨，生活污水、含油污水超4368立方米。

【典型意义】

船舶污染是困扰长江流域生态环境的“老大难”问题。检察机关充分发挥行政公益诉讼职能作用，综合运用磋商、公开听证等方式，督促多部门协同履职，共同解决长江干线老旧码头因历史遗留原因无证经营而存在的船舶污染问题，实现码头依法规范经营、船舶污染物全流程闭环监管的治理成效。

9. 四川省成都市张某予等 7 人污染环境刑事公诉案

【关键词】

污染环境　协同履职　特邀检察官助理

【要旨】

检察机关在办理污染环境案件中，落实执法司法同向发力、协同履职的工作机制，提升办案质效。邀请有专门知识的人担任特邀检察官助理，有效提高环境专业领域办案水平。落实宽严相济刑事政策，依法适用认罪认罚从宽制度，将生态环境损害赔偿、修复情况作为涉案人员处理重要考量因素，引导涉案人员积极赔偿生态环境损害损失，主动修复生态环境。

【基本案情】

2020 年 6 月，郭某东为将专利发明成果进行产业转化，在自身尚不具备生产条件的情况下，委托四川省什邡市铧某化工有限公司代为生产香精、香料等化工产品，产生 20 余吨四氯化钛废液。2020 年 11 月中旬，郭某东违规将上述废液交由不具有危险废物处置资质的张某予。张某予收取处置费 8 万元后，将该废液运至一民房内储存。

2023 年 2 月，张某予通过不具有危险废物处置资质且主观明知的彭某林、陈某、杨某彬的层层介绍，委托周某智处置涉案废液。2023 年 2 月 19 日晚，周某智联系方某将约 10 吨废液运至四川省成都市东部新区玉成街道某村公路旁，倒入连接长江上游沱江支流绛溪河的一处排水管道内，导致河道水质异常。经鉴定，涉案工业废液属于危险废物，危险特性为腐蚀性、毒性。

【检察履职情况】

案发次日，四川省成都市东部新区管理委员会综合执法局（以下简称东部新区综合执法局）接群众举报，前往废水倾倒现场，经实地查看，初步判定案件可能涉嫌污染环境犯罪，将情况分别通报成都市公安局东部新区分局（以下简称东部新区分局）和成都市高新技术产业开发区人民检察院（以下简称高新区检察院）。

2023 年 2 月 21 日，东部新区分局对本案立案侦查。经侦查机关商请，高新区检察院提前介入，引导侦查取证。经会商，确定查明污染物种类及污染损害程度、快速锁定危废物来源等办案思路和侦查取证方向。为解决证据充分收集与污染物及时处置之间的矛盾，高新区检察院与东部新区分局、东部新区综合执法局会商达成共识，由综合执法部门和公安机关技术勘查人员根据被污染沟渠流向，对不同点位进行抽样提取，及时收集固定证据；检察机关邀请生态环境领域特邀检察官助理，在东部新区综合执法局对倾倒地污染情况评估时提出建议，最终制订酸碱中和、铲除被污染土壤、隔离污染源的应急处置方案，保证案件侦办的同时，有效防止污染迁移扩散。

公安机关先后将张某予、周某智、方某抓获归案，郭某东等 4 人向公安机关投案。2023 年 5 月 31 日，公安机关将张某予等 7 人涉嫌污染环境案移送高新区检察院审查起诉。为使被污染区域及时得到修复，检察机关在开展认罪认罚工作中，将生态环境损害修复、赔偿情况作为行为人认罪认罚考量因素，引导涉案人员积极与成都市生态环境局达成生态环境损害赔偿磋商协议，缴纳生态环境损害赔偿费用等共计 100 万余元，并用于支付应急处置等费用。

2023 年 11 月 28 日，高新区检察院综合考量各行为人的地位作用、主观恶性、前科劣迹、认罪认罚、归案情况后，以污染环境罪对被告人张某予、周某智、方某提起公诉，分别建议判处有期徒刑一年六个月至一年不等，各并处罚金；对有自首情节的 4 名行为人，包括仅起居间作用的彭某林、杨某彬、陈某，以及积极缴纳生态环境损害赔偿费用郭某东作相对不起诉。2024 年 1 月 31 日，高新区法院依法作出判决，全部采纳了检察机关指控的犯罪事实及量刑建议。宣判后，被告人未上诉，目前判决已生效。

【典型意义】

为依法惩治长江流域污染环境等违法犯罪活动，检察机关与生态环境部门加强执法司法联动，强化协同履职，通过落实涉嫌犯罪案件移送公安机关并同步通报检察机关机制，促进行政执法与刑事司法高效衔接；通过聘任特邀检察官助理解决案件专业性问题，推动污染环境犯罪案件办理质效提升。为及时有效修复生态环境，检察机关积极践行恢复性司法理念，贯彻宽严相济刑事政策，充分发挥认罪认罚从宽制度作用，将生态环境损害赔偿、修复情况作为涉案人员处理重要考量因素，分类处理，对初犯、偶犯，积极履行生态环境赔偿义务的行为人，情节轻微无起诉必要的，可作不起诉处理，促使涉案人员与生态环境部门达成生态环境损害赔偿磋商协议，主动履行赔偿义务。

10. 云南省禄丰市人民检察院督促恢复治理罗申河流域矿山行政公益诉讼案

【关键词】

行政公益诉讼　提起诉讼　矿山恢复治理　督察整改

【要旨】

针对中央生态环境保护督察指出的矿山生态恢复治理问题，行政机关未及时依法全面履行职责，致使问题整改推进缓慢的，检察机关可以通过检察建议、提起诉讼等方式督促行政机关依法履职，恢复受损生态，消除安全隐患。

【基本案情】

罗申河经龙川江汇入金沙江，系金沙江二级支流。禄丰某采石有限公司（以下简称禄丰采石公司）开采地点位于罗申河边，距离村民住宅仅 200 米，在未编制矿山地质环境保护与土地复垦方案、未缴纳土地复垦费用的情况下，于 2015 年 9 月取得采矿许可证，进行矿石开采活动。2021 年 9 月 10 日许可证到期后，禄丰采石公司未完成矿山地质环境治理恢复，未办理闭坑手续，致使罗申河生态环境处于受破坏风险状态，且造成严重安全隐患。

【调查和督促履职】

中央生态环境保护督察发现，禄丰采石公司存在夜间作业、开采面无除尘设施等问题，遂依据《中央生态环境保护督察整改工作办法》及有关程序将问题线索移送检察机关。2021 年 7 月 1 日，云南省楚雄彝族自治州人民检察院根据属地管辖原则将线索交由禄丰市人民检察院（以下简称禄丰市检察院）办理。

禄丰市检察院通过实地走访、调取行政审批手续、查阅档案资料等方式，查明禄丰采石公司采矿许可到期后，未依法关闭矿山，未采取任何措施进行治理恢复。截至 2022 年 1 月，采矿现场仍存在因开采形成高差约达 30 米的高陡边坡，30 余亩土地未进行复垦，危害矿山地质环境，威胁罗申河生态安全。

2022 年 1 月 19 日，禄丰市检察院以行政公益诉讼立案。依据《矿山地质环境保护规定》《土地复垦条例》等规定，市自然资源局应当严格督促禄丰采石公司履行矿山地质环境保护与土地复垦义务，但其未能及时履行监督管理职责。2022 年 2 月 9 日，禄丰市检察院向市自然资源局发出检察建议，建议其依法履行法定监督管理职责，督促禄丰采石公司严格履行土地复垦义务，完成矿山地质环境治理恢复。

市自然资源局收到检察建议后，督促禄丰采石公司编制方案，开展恢复治理工作。但禄丰采石公司资金链断裂，无力承担方案编制费用，加之矿山机械设备因借贷纠纷被法院查封，无法启动修复工作。禄丰市检察院于 2022 年 5 月 28 日、7 月 10 日、8 月 23 日多次现场查勘，禄丰采石公司尚未开始恢复治理工作，现场山体地表损毁、大面积边坡高陡。经审查认为，市自然资源局收到检察建议后在规定期限内未依法全面履行监管职责，未能采取措施治理问题矿山，致使社会公共利益处于受侵害状态，符合行政公益诉讼起诉条件。

【诉讼过程】

2022 年 8 月 30 日，禄丰市检察院依法向禄丰市人民法院提起诉讼，请求判令市自然资源局督促禄丰采石公司依法开展矿山地质环境恢复治理工作。2022 年 10 月 19 日，法院判决支持禄丰市检察院全部诉讼请求。

收到判决后，市自然资源局督促禄丰采石公司委托编制《矿山地质环境保护与土地复垦方案》，并报告禄丰市人民政府。禄丰市人民政府统筹自然资源、林业和草原、应急管理、水务等部门有序推进矿山恢复治理工作，引导施工方及时进场实施矿山恢复治理工程，帮助禄丰采石公司多渠道解决修复资金困难问题。经多方努力，禄丰采石公司投入 40 余万元进行矿山生态恢复治理，拆除矿山所有机械设备，填平开采遗留现场，削减边坡高度，并覆土栽种树木及农作物 35 亩。

2023 年 12 月，经市自然资源局组织相关部门验收，该矿山恢复治理合格。2024 年 2 月，禄丰市检察院会同市自然资源局等部门进行“回头看”，涉案矿山补植复绿情况良好，被破坏的生态环境得以恢复，安全隐患问题得以解决。

【典型意义】

矿山地质环境恢复和综合治理，事关民生和生态环境保护，也关系经济社会高质量发展。针对矿山企业未按规定及时恢复治理许可证到期矿山地质环境问题，检察机关初步调查，跟进了解中央环保督察反馈问题的整改情况，发现相关行政机关未及时监督矿山企业开展恢复治理工作时，制发检察建议督促其依法履职。相关行政机关收到检察建议后长期未能推动问题整改的，检察机关依法提起诉讼，强化检察监督刚性，推动行政机关依法全面履行职责，采取有效措施恢复治理矿山地质环境，助推环保督察问题整改，切实保护罗申河流域生态环境。

11. 贵州省人民检察院督促保护赤水河流域生态环境行政公益诉讼案

【关键词】

行政公益诉讼　一体化办案　流域生态环境治理

【要旨】

针对流域生态环境公益损害问题中涉及区域广、违法主体较多、监管层级复杂的治理难题，省级检察院可以以事立案，组建办案组，分层监督、整体推进，综合运用磋商、检察建议、提起诉讼等方式推动流域综合治理。

【基本案情】

赤水河系长江上游南岸较大支流，是中国酱香型白酒原产地和主产区，承载了长征史上光彩神奇的红色记忆，被誉为“生态河”“英雄河”“美酒河”。近年来，赤水河沿线部分企业在未办理用地、排污、取水等审批许可、未进行环境影响评价的情况下，私自开工建设或者投入生产，非法占用赤水河沿岸林地、耕地，擅自开采地下水，非法采矿或越界开采破坏矿产资源，违法排污、养殖污染等，严重破坏赤水河流域生态环境。

【调查和督促履职】

2023 年 3 月，贵州省人民检察院（以下简称贵州省检察院）开展赤水河流域保护专项行动中，针对发现的赤水河流域违法建设、违法生产破坏流域生态环境等问题，同年 11 月以事立案，并抽调省、市、县三级院 11 个办案单位 40 余名干警组成办案组，通过召开案件办理推进会，统筹推进专案办理。

贵州省检察院与省生态环境厅多次磋商，邀请生态环境厅具有专业背景的特邀检察官助理参与案件办理，共同分析研判。办案组通过现场勘查、调查走访、查阅资料、咨询专家、运用大数据法律监督模型等方式开展调查核实，同时充分运用无人机、快速检测实验室等设备辅助调查固定证据，先后勘查现场 100 余人次，委托专业机构出具检测报告 3 份。经调查查明，赤水河流域违法建设、违法生产破坏生态环境主要问题有：一是非法占地。流域内部分企业未办理审批手续或超审批范围占用林地、耕地达 400 余亩。二是违法取水。流域内部分企业及农家乐擅自开采赤水河地下水 1 万余吨。三是非法采矿。流域内部分矿产企业越界开采矿石，对闭坑矿山生态环境恢复治理不到位。四是违法排污。流域内部分酒企、酒业小作坊因排污管道未接入市政管网、自建污水处理设备不完善等原因，生产污水跑冒滴漏现象时有发生；流域内100余家养殖户养殖粪污收集处理设施不完善，养殖污水存在直排现象，造成赤水河流域部分支流河段氨氮、总磷、化学需氧量时有超标。

根据环境保护法、水污染防治法等规定，辖区内生态环境、水务、住建、农业农村等部门及属地政府负有对水环境污染和生态破坏的监督管理职责，却未依法全面履职，致使社会公共利益受损。贵州省检察院指导各级检察院综合运用磋商、制发检察建议、提起诉讼等方式进行监督。对流域内白酒企业无证排污等重点案件与省生态环境厅联合督办和实地跟进，与生态环境部门召开联席会议，畅通案件线索移送、信息共享、案情通报等工作。

目前赤水河流域市县检察机关同步办理关联案件76件，其中行政公益诉讼62件，民事公益诉讼14件，发出检察建议46件，提起诉讼4件，推动解决一批突出生态环境问题。一是非法占地得到有效修复，行政机关依法责令非法占用农用地的当事人修复被损坏的耕地、林地约446.6亩，对违法占用农用地主体罚款2万余元。二是违法取水得到有效制止，赤水市检察院、桐梓县检察院立案办理5件，督促违法企业填埋水井4口，拆除取水设施，封闭取水口。三是非法采矿得到有效治理，推动100余家矿山开展生态修复，责令358家矿企治理污染问题，关停违法占用土地的临时料场186家，违法采矿主体承担生态修复费用55万余元。四是违法排污得到有效整治，督促修建养殖粪污处理设施130余个，推动117家酒企升级排污设施并依法取得排污许可，114家酒企依法办理环评手续。

2024年4月，贵州省检察院邀请省人大代表、政协委员、“益心为公”志愿者共同实地查看案件整改情况，并召开听证会，同步邀请生态环境、水务、农业农村等部门及属地政府参加听证。经讨论，与会人员一致充分认可整改效果。

【典型意义】

跨区域流域治理中存在涉及范围广、违法主体多、监管部门多、监管层级不一、监管职能交叉等问题，省级检察院以事立案，组成三级院办案组，充分发挥一体化办案机制作用，统筹推进各地案件办理。检察机关办案中强化科技支撑，加强与生态环境等部门信息共享，综合运用磋商、检察建议、提起诉讼等方式进行监督，邀请公众参与案件效果评估，推动长江支流综合治理。

文物和文化遗产保护检察公益诉讼典型案例

（最高人民检察院 2024 年 6 月 8 日发布）

目　录

诉讼案

7. 江苏省淮安市淮安区人民检察院督促保护吴承恩墓行政公益诉讼案

8. 广东省江门市新会区人民检察院督促保护涉侨文物行政公益诉讼案

1. 内蒙古自治区达拉特旗人民检察院诉达拉特旗A煤矿、B煤炭公司损毁文物公益诉讼案

【关键词】

公益诉讼　文物本体灭失　虚拟修缮　一体化履职

【要旨】

针对全国重点文物保护单位秦直道遗址本体完全灭失问题，检察机关发挥一体化办案优势，以行政公益诉讼督促行政机关履行监督管理职责；在文物保护效能仍明显不足的情况下以民事公益诉讼补位兜底，充分探索以虚拟修缮成本认定文物损害价值，实现对文物的立体保护。

【基本案情】

秦直道遗址是第六批全国重点文物保护单位，部分点段被列入国家文物局《大遗址保护利用“十四五”专项规划》。秦直道遗址南起陕西省云阳县，北至内蒙古自治区包头市九原区，全长700多公里，是我国古代重要的交通枢纽、贸易通道、移民路线和民族融合大通道，享有“世界公路鼻祖”的美誉，其对研究我国古代交通史及秦代历史具有重要价值。2009年至2020年，内蒙古鄂尔多斯市达拉特旗A煤矿、达拉

特旗 B 煤炭公司在秦直道遗址本体上进行煤炭生产作业，造成 3214.01 米秦直道遗址完全灭失，损害了国家利益和社会公共利益。

【调查和诉讼】

2023 年 3 月 13 日，达拉特旗人民检察院（以下简称达旗检察院）在办理郭某某等 4 人涉嫌故意损毁文物罪案件中发现本案线索并向鄂尔多斯市人民检察院（以下简称鄂尔多斯市院）移送。鄂尔多斯市院审查后认为，达拉特旗人民政府在建设工程文物前置审批、文物保护执法上存在监管漏洞，遂于 2023 年 10 月 30 日向达拉特旗政府提出检察建议，建议其落实主体责任，夯实文物保护基础，加强秦直道遗址保护人力资源配置，严格落实建设用地文物前置审查制度。达拉特旗人民政府高度重视，并于 2023 年 12 月 29 日回函表示已严格落实相关责任，聘请专业公司对秦直道遗址做了专项文物调查勘测，在涉及秦直道遗址的重要地段增设安全警示牌 4 块，聘用 4 名文物保护管理员定期进行安全巡查；已严格落实建设用地文物前置审查制度；今后将继续完善规划，探索长效保护机制。

鄂尔多斯市院经评估认为，即使行政机关已经履职，但秦直道遗址毁损多年，国家利益和社会公共利益持续处于受侵害状态，可以追究 A 煤矿、B 煤炭公司的文物损害赔偿责任。因刑事案件在旗检察院办理，综合考虑调查取证的便利性、诉讼的连贯性，将本案民事公益诉讼线索交由达旗检察院立案调查。

2023 年 7 月 5 日，达旗检察院对达拉特旗 A 煤矿、B 煤炭公司损毁文物民事公益诉讼案立案调查。检察机关做细做实调查取证，因本体完全灭失，难以确定秦直道遗址具体毁损范围，检察机关邀请内蒙古博物院专家多次深入遗址开展现场勘验工作，最终明确秦直道遗址损毁范围和程度。2023 年 10 月 17 日，达旗检察院通过正义网发布公告，公告期满后无适格主体提起诉讼。2023 年 9 月 25 日，达旗检察院向鄂尔多斯市院报请指定管辖，经商请鄂尔多斯市中级人民法院并报内蒙古自治区高级人民法院审批，2023 年 11 月 6 日，内蒙古自治区高级人民法院裁定该案由达拉特旗人民法院审理，2024 年 1 月 4 日，鄂尔多斯市院指定达旗检察院对本案提起诉讼。

根据文物保护法相关规定，不可移动文物已经全部毁坏的，应当实施遗址保护，除特殊情况且经严格批准外，不得在原址重建。为确定诉讼请求，达旗检察院咨询内蒙古博物院、陕西省博物院等多家鉴定机构，均表示无法对秦直道遗址损害价值进行鉴定。内蒙古自治区检察院积极与内蒙古自治区文旅厅沟通，多次召开三级检察机关与文保部门的联席会议，最终依据内蒙古文旅厅专家意见，委托具有文物保护工程勘察设计甲级资质的文物修缮公司做出虚拟修缮方案，以虚拟修缮成本最终确定秦直道遗址的损害价值。2024 年 2 月 6 日，三级检察机关邀请自治区文物专家库专家、相关行政机关召开论证会，针对以虚拟修缮成本认定损害价值可行性、虚拟修缮方案科学性等问题进行论证，确定可将虚拟修缮成本作为认定秦直道遗址损害价值的法律依据，并对虚拟修缮部分测量数据出具专家意见，最终确定秦直道遗址虚拟修缮成本为 506.66 万元。

2024 年 3 月 12 日，达旗检察院向达拉特旗人民法院提起民事公益诉讼，诉请判令 A 煤矿、B 煤炭公司分别依法赔偿因损毁秦直道遗址的虚拟修缮费用 3944907.93 元和 1121691.62 元，共同承担评估费用 47.5 万元。2024 年 4 月 24 日，达拉特旗人民法院依法组成七人审判庭开庭审理本案，法院院长主审，检察长出席诉讼，并邀请辖区相关企业、旗镇两级文物执法人员及人民监督员列席旁听。

2024 年 4 月 28 日，达拉特旗人民法院依法作出一审判决，支持检察机关全部诉讼请求。截至目前，秦直道遗址损害虚拟修缮价值费用和评估费用共计 5541599.55 元均已履行完毕，并交公证处提存，拟用于达拉特旗文物保护。

【典型意义】

检察机关综合运用行政、民事两种公益诉讼，通过行政公益诉讼督促行政机关落实文物保护责任。在行政机关依法履职但文物保护效能仍明显不足的情况下，及时启动民事公益诉讼，以“诉”的确认补位行政公益诉讼，形成公益保护闭环。针对不可移动文物损毁价值难以确定，检察机关发挥一体化履职优势，加强与文保部门沟通，创新运用虚拟修缮评估方式对损害程度量化分析，合力破解文物保护领域损害价值确定难的公益保护难题，为办理同类文物保护民事案件提供借鉴参考。

2. 新疆维吾尔自治区人民检察院阿克苏分院诉某公司破坏文物民事公益诉讼案

【关键词】

民事公益诉讼　烽火台遗址保护　保护性考古修复　协同履职

【要旨】

针对行政手段无法满足文物和文化遗产保护现实需要的情形，检察机关可依据行政机关和专业机构出具的评估鉴定与保护方案提起民事公益诉讼，用司法力量推进文物古迹保护工作，确保文物古迹得到科学修复和有效保护。

【基本案情】

新疆维吾尔自治区阿克苏地区拜城县沙拉依塔木烽火台，是唐代西域长城的一部分，2014 年被确定为自治区级文物保护单位，该遗址对研究唐代西域军政防御体系、边塞烽火台通讯和丝绸之路文化兴衰等具有极高研究价值。2010 年拜城县某公司在沙拉依塔木烽火台核心保护区内擅自搭建信号增强设备和电缆杆，对沙拉依塔木烽火台历史风貌造成严重破坏。

【调查和诉讼】

2021 年 8 月 20 日，新疆维吾尔自治区阿克苏地区拜城县人民检察院（以下简称拜城县院）在专项工作中发现沙拉依塔木烽火台保护范围核心区内有信号增强设备损害文物古迹案件线索。经初查，某公司未经文物行政主管部门核准，在沙拉依塔木烽火台遗址核心保护区内擅自搭建信号增强设备、电缆杆等工程设施，造成沙拉依塔木烽火台历史风貌遭到破坏。某公司虽对相关设施予以拆除，但施工时深挖坑洞，打入地下的水泥基座仍然残留在遗址核心区内未予清除。

2021 年 9 月 3 日，拜城县院以民事公益诉讼立案，并于同日履行公告程序，公告期满，无法律规定的机关和有关组织提出起诉。拜城县院委托阿克苏地区拜城县文化体育广播电视和旅游局（以下简称县文旅局）文物保护专家对烽火台受侵害情况进行评估。2022 年 5 月 17 日，经文物专家组对现场勘查、反复讨论后，向拜城县院出具鉴定意见与修复方案。鉴定意见明确，某公司施工时所挖的坑洞、水泥基座已对遗址主体结构造成破坏，需进行保护性考古修复。同年 5 月 28 日，拜城县院将本案移送新疆维吾尔自治区人民检察院阿克苏分院（以下简称阿克苏分院）起诉。同年 6 月 2 日，阿克苏分院向阿克苏地区中级人民法院提起民事公益诉讼，请求依法判令某公司停止对文物保护单位的侵害，排除妨碍、消除危险；对已经造成侵害在文物部门的指导下进行修复，并承担修复所需的全部费用，验收评估意见由文物主管部门出具；对侵害行为在《阿克苏日报》上公开赔礼道歉。

2023 年 3 月 13 日，阿克苏地区中级人民法院对本案进行调解，某公司以本案不属于生态环境范畴、不应当由检察机关提起民事公益诉讼，其无主观故意且在得知该烽火台是文物保护单位后已主动拆除建筑物，未对文物造成任何损害，县文旅局没有文物损害鉴定资质等抗辩意见拒绝调解，并提出检察机关应当撤诉。阿克苏地区中级人民法院委托新疆考古研究所对文物受损状态、修复所需费用以及某公司的责任认定进行评估，出具鉴定报告。

2023 年 9 月 25 日，法院开庭审理本案，经法庭举证质证及辩论，根据环境保护法第二条的规定，案涉烽火台保护属于生态环境领域，法院认为检察机关诉讼主体符合法律规定。结合新疆考古研究所出具的评估鉴定意见，法院当庭作出判决，要求某公司支付沙拉依塔木烽火台遗址核心区保护性考古修复费用 136021. 5 元，由专业的考古研究机构对烽火台遗址进行修复；并就对文物保护单位的侵害行为在《阿克苏日报》上登报公开赔礼道歉。目前一审判决已生效，某公司已履行判决。

【典型意义】

文物古迹作为历史物质遗存，是我国悠久历史文化的见证和重要载体。检察机关立足人文遗迹的生态环境及文化价值属性，针对企业施工长期破坏文物历史风貌和生态环境且行政手段无法满足保护公益需要时，通过民事公益诉讼彰显公益诉讼制度优势，依法要求违法者承担修复费用并由专业机构进行保护性考古修复，为新疆文物和文化遗产的长效保护贡献检察力量。

3. 贵州省镇远县人民检察院督促保护历史文化名城古建筑文物行政公益诉讼案

【关键词】

行政公益诉讼　文物保护　历史文化名城　文物产权纠纷　形式履职

【要旨】

针对历史文化名城中古建筑文物存在产权纠纷，年久失修导致文物面临毁损灭失风险的问题，检察机关制发检察建议督促整改未果的，应依法提起诉讼促进整改，推动地方立法完善。

【基本案情】

贵州省黔东南苗族侗族自治州镇远古城是中国历史文化名城之一，也是国家5A级旅游景区，镇远古城内的省级文物古建筑北极宫，始建于明朝弘治十六年，是镇远古城重要组成部分。多年来，因产权纠纷无人管理年久失修，北极宫屋顶、椽条等木质结构出现破损、脱落、腐朽，存在坍塌毁损风险。

【调查和督促履职】

2023年4月14日，贵州省黔东南苗族侗族自治州镇远县人民检察院（以下简称镇远县院）收到镇远县人大常委会移送的“关于北极宫年久失修存在坍塌毁损风险需及时进行修缮”的代表建议，经初步调查后依法立案办理。通过现场勘查、调查走访、调阅资料、无人机航拍等方式查明：1985 年 12 月，镇远县轻工业局以 7000 元的价格将北极宫有偿转让给镇远县轻工制絮厂，因产权纠纷无人管理，长年雨水侵入冲刷、阳光暴晒，北极宫屋顶、椽条等木质结构出现破损、脱落、腐朽，存在坍塌毁损风险。根据文物保护法、《历史文化名城名镇名村保护条例》相关规定，镇远县文体广电旅游局（以下简称镇远县文旅局）负有对文物保护管理修缮职责。该局在 2022 年 3 月 30 日编制完成《北极宫勘察设计方案》并报批准后，因产权争议一直未对北极宫进行修缮。

文物保护法第八条第二款规定："地方各级人民政府负责本行政区域内的文物保护工作。县级以上地方人民政府承担文物保护工作的部门对本行政区域内的文物保护实施监督管理。"文物保护法第二十一条第一款规定："国有不可移动文物由使用人负责修缮、保养；非国有不可移动文物由所有人负责修缮、保养。非国有不可移动文物有损毁危险，所有人不具备修缮能力的，当地人民政府应当给予帮助；所有人具备修缮能力而拒不依法履行修缮义务的，县级以上人民政府可以给予抢救修缮，所需费用由所有人负担。"2023 年 4 月 16 日，镇远县院依据上述规定，向镇远县文旅局发出检察建议，建议该局积极履行保护管理职责，依法对贵州省级文物保护单位北极宫进行有效保护。2023 年 6 月 2 日，镇远县文旅局书面回复称，北极宫历史修缮不到位的主要原因是产权不清，在产权纠纷协调好后，将及时推进项目开工。

2023 年 7 月 28 日，镇远县院针对北极宫存在产权纠纷，行政机关是否应当及时履行保护修缮职责的问题，邀请人大代表、政协委员、律师代表、镇远县文旅局举行听证会，听证员一致同意检察机关观点，文物面临坍塌损毁风险时，即使存在产权纠纷，行政机关也应及时予以保护修缮。

【诉讼过程】

2023 年 8 月 4 日，经上级院指定管辖，镇远县院依法向镇远县人民法院提起行政公益诉讼，诉请判令镇远县文旅局依法履行对北极宫进行保护监督管理修缮的法定职责。

2023年9月1日，镇远县人民法院依法公开开庭审理该案，邀请了人大代表、政协委员、人民监督员参与旁听。9月28日，镇远县人民法院作出一审判决支持检察机关全部诉求，并在判决书中写明北极宫建筑所有权是否存在争议存疑，即便存在争议，但主体建筑年久失修，确有损毁的风险，产权争议与否不影响保护措施的正常进行。判决生效后，镇远县文旅局通过公开招投标，以198.5万元价格由第三方专业公司对北极宫进行修缮。截至2024年2月，北极宫主体框架已经完工，对北极宫损坏梁柱替换，缺失柱石按照原花纹复原，在保存原状原貌基础上，北极宫主体已经修复完成。相关产权争议正在推动实质化解之中。期间，黔东南州检察院向黔东南州人大常委会专题报告，推动修订完善《黔东南苗族侗族自治州镇远历史文化名城保护条例》，新增公益诉讼内容，完善文物、历史建筑等方面的传承与利用等意见建议。

【典型意义】

古建筑文物是历史文化名城的重要组成部分，具有见证历史、促进文化传承发展等公共利益属性。针对行政机关以案涉文物存在产权纠纷为由，履行程序性审批手续，未采取实质性整改措施履行法定职责的，检察机关依法提起行政公益诉讼，以“诉”的确认体现司法价值引领。通过检察履职将办案成果转化为立法建议，促进对历史文化名城文物保护地方立法完善，护航文化名城保护发展。

4. 安徽省望江县人民检察院督促保护褒隐寺塔行政公益诉讼案

【关键词】

行政公益诉讼　文物保护　代表建议转化　跟进监督

【要旨】

针对人大代表提出的省重点文物保护单位因修缮不当，导致文物风貌被破坏，价值受损问题，检察机关将代表建议转化为案件办理，综合运用检察建议、提起行政公益诉讼方式，督促行政机关依法全面履行职责，并依托一体化办案机制，上下联动持续跟进监督，确保文物修缮保护到位。

【基本案情】

褒隐寺塔建于唐宝历二年，重修于明洪武元年。古塔为实心佛塔，塔身造型别致，兼具风水塔作用，类似文物极为罕见，具有很高的文物价值。2012 年 6 月 21 日被安徽省人民政府公布为第六批全省重点文物保护单位。因修缮不当，古塔原有古朴风貌遭到破坏，其文物价值受到严重影响，社会公共利益遭受损害。

【调查和督促履职】

2022 年 3 月，安徽省望江县人民检察院（以下简称望江县院）依托人大代表建议与公益诉讼检察建议衔接转化机制发现，近年来多名人大代表多次对褒隐寺塔修缮问题提出建议，但未能得到落实。同时，智慧公益诉讼平台推送线索显示，有群众反映褒隐寺塔修缮不当问题。经初核后，望江县院于 2022 年 7 月 1 日作为行政公益诉讼立案。通过实地勘查、走访人大代表、调取相关文物资料查明，褒隐寺塔曾因破损严重于 2016 年 5 月进行修缮，但因方案设计、施工工艺等问题，修复效果不佳，古塔风貌遭到破坏；同年 10 月，安徽省文物局专家组对该塔现场检查评估，对维修工程存在的问题提出整改意见，但该整改意见一直未得到落实，文物价值持续受到影响。

根据文物保护法第八条、第二十一条之规定，2022 年7 月4 日，望江县院向负有监管职责的望江县文化旅游体育局（以下简称县文旅体局）制发检察建议，督促其依法履职，查找褒隐寺塔修缮不当的原因并研究制定新的修复方案，推进对褒隐寺塔的保护修复工作。同年 8 月 22 日，县文旅体局回复称，褒隐寺塔修缮工程存在原设计不合理及施工粗糙等问题，该局已向省古建专家咨询整改意见，并委托有资质的研究所完成《褒隐寺塔维修设计方案》，于 8 月 12 日上报省文物局履行审批手续并申请修缮资金。鉴于修缮工作需要一定期限，望江县院遂于 9 月 1 日对该案作出中止审查决定。

为协同推进问题整改，依托一体化办案机制，安徽省人民检察院（以下简称省检察院）经实地调研了解需求后，通过“府检联动”工作机制，向省文物局争取省级文物保护专项经费 50 万元用于褒隐寺塔修缮工程，并协调该局于 2022 年 10 月完成对设计方案审批。

2023 年 2 月，望江县院跟进监督发现县文旅体局在方案审批后仍未开展修缮工作，整改无实质性进展，遂于同年 2 月 26 日对该案恢复审查。

【诉讼过程】

2023 年 4 月 13 日，望江县院向望江县人民法院提起行政公益诉讼，请求判决县文旅体局依法继续履行对褒隐寺塔保护监管职责，及时完成褒隐寺塔修缮工程。

2023年8月3日，望江县人民法院对本案公开审理，市、县两级人大代表以及部分行政机关代表120余人现场旁听观摩。望江县院针对县文旅体局是否存在怠于履行保护监管职责等焦点问题进行充分论证，认为县文旅体局虽采取了向相关部门申报设计方案等整改措施，但推动缓慢，文物修缮工作停滞不前，文物价值持续受到损害。2023年9月13日，望江县人民法院判决县文旅体局继续履行监管职责，及时完成褒隐寺塔修缮工作。

判决后，检察机关跟进文物保护修复情况。省检察院、望江县院先后邀请省、市人大代表和政协委员现场视察该塔整修工作。2023年11月，褒隐寺塔修缮工程竣工并通过验收。

结合办案实际，望江县院撰写《褒隐寺塔现状调研报告》专送县委县政府。望江县委高度重视，开展专题调研并召开县委常委会研究文物保护工作，决定增加文物保护中心人员编制2个、文物保护经费预算4万元；同时推动望江县人民政府部署文物保护专项活动。

【典型意义】

褒隐寺塔是唐代佛教建筑艺术的见证者，不仅为研究实心古塔的建筑特色提供了实证，也为研究国家非物质文化遗产望江挑花提供了实物佐证，蕴含较高的社会价值和旅游开发价值。检察机关从文物的修缮须遵守不改变文物原状原则出发，将人大代表建议所反映问题转化为检察公益诉讼案件办理。对于行政机关整改工作长期停滞的，以“诉”的确认体现司法价值引领，增强法律监督刚性。在法院判决后持续跟进关注整改情况，确保文物得到有效修复。

5. 河北省文安县人民检察院督促保护古城墙遗址行政公益诉讼案

【关键词】

行政公益诉讼　文物保护　科技赋能　违法工程设施

【要旨】

检察机关运用科技手段固定证据，对行政机关未依法履行职责的情形坚决提起行政公益诉讼，明确行政机关的处罚权下放后仍有相应的监督管理职责，通过刚性手段维护了国家利益和社会公共利益，推动相关部门建立城长制工作机制，形成长效保护。

【基本案情】

文安县古城墙，始建于隋朝，距今已有1400余年的历史。1987年11月1日，被文安县政府公布为第一批县级文物保护单位。近年来，随着城市建设迅速发展，古城墙与主城区包容交错，因保护监管不力，大部分城墙坍塌损毁，保存较为完好的东城门段、人民公园段也被违法占用，建设建筑物并设置了变压器、燃气管道、电线电路、宽带网路线路等设施，珍贵的文化遗址遭到严重破坏。

【调查和督促履职】

2023年5月18日，文安县人民检察院（以下简称文安县院）发现当地有数万粉丝的“大V”（已成为“益心为公”志愿者）通过自媒体反映文安县古城墙东城门段有墙砖脱落，危及过往行人安全。

2023 年 5 月 23 日，根据文物保护法和行政机关的“三定方案”，文安县院对文安县文化旅游和广电局（以下简称县文广旅局）立案。经调查，2012 年 10 月 15 日，文安县政府明确城墙两侧各 10 米为文物的保护范围。文安县院利用与自然资源和规划部门共享的卫星遥感系统精准选点定位，掌握被占区域的地类属性；利用无人机航拍照片 157 张，对发现的违法点位予以精准标注，制成“文安县古城墙航拍示意图”；走访相关行政机关调取不动产证明文件，确定占用古城墙原址的建筑设施均属于违法建筑。

2023 年 5 月 26 日，文安县院向县文广旅局制发检察建议，建议该局按照文物保护法第十七条、第十八条、第六十六条，《河北省实施〈中华人民共和国文物保护法〉办法》第四条的规定，及时采取科学、有效措施保护古城墙；对单位或个人损害文物的违法行为予以依法处理。

2023 年 7 月 26 日，县文广旅局回复称：已对古城墙东城门等出现危险的点位采取安全防护性工作；变压器、燃气管道、电线电路等公共设施，须等待暑期用电高峰结束后予以清理整治。文安县院跟进调查核实，县文广旅局已对古城墙重点区域采取了封闭道路和临时性加固防护措施，并制定了整改方案，而在用电高峰期清理上述设施确实将给周边群众带来不便，符合中止审查的法定情形，该院遂于 2023 年 7 月 28 日决定中止审查。

【诉讼过程】

2023 年 10 月初，城区用电量持续走低并保持相对稳定，用电高峰已过，文安县院依法恢复审查。经调查核实，县文广旅局并未及时整改，已经制订的整改方案也并未实际履行。10 月 27 日，文安县院依法向文安县人民法院提起诉讼，诉请确认县文广旅局怠于履行监管职责的行为违法；判令县文广旅局继续履行保护职责，对重点区域进行专业的修复；对残存的古城墙遗址设立保护标识；对破坏古城墙、占用古城墙保护区域的违法行为予以依法处理。

2023 年 11 月 28 日，文安县人民法院对本案开庭审理。庭审中，行政机关辩称侵害文安古城墙的违法行为集中发生在 20 世纪 90 年代，负有文物监管责任的行政机关应为“文化局”和“文化体育局”，而非现在的文广旅局，此外按照文安县 2021 年行政执法权下放文件的规定，侵害古城墙的行政执法工作应由属地责任的文安镇政府负责。文安县院认为，第一，我国法律明确规定行政机关合并、取消、更名等，其职责由继承权责的行政机关承担，县文广旅局系承接文物监管职责的行政机关，应负有文物保护职责。第二，古城墙遭到破坏、被占用的时间发生在 2021 年之前，执法权还未下放，且根据《文安县人民政府关于下放乡镇行政处罚事项清单》，明确下放到乡镇的仅仅是文物保护法第六十六条和第七十一条规定的“在文物保护单位的建设控制地带内进行工程建设”“擅自拆除不可移动文物”等行为的处罚权，而非县文广旅局对文物保护的监管责任。文安县人民法院认为：县文广旅局作为文安县文物保护的监督管理行政机关，对违法占用文安古城墙等破坏文物违法行为负有法定的监管责任。2023 年 12 月 29 日，文安县人民法院作出一审判决，支持检察机关的全部诉讼请求。县文广旅局未提出上诉。

判决后，为助推行政机关落实整改，文安县院邀请省人大代表、市政协委员、反映本案线索的自媒体人士召开公开听证会。在检察机关的推动下，县政府统筹住建、综合执法、文化部门以及相关镇政府组成联合执法队对违法建筑物及设施进行清理整治；县文广旅局向县委县政府作了城墙保护工作的专题汇报，申请了专项资金 901.23 万元对古城墙遗址予以修缮，并启动了将文安县古城墙提升为国家级文物保护等级的申报程序；制定出台《文安县古城墙保护规划》《关于文安县城墙实施城长制工作方案》，建立了城（城墙）长制监管机制，成立县、乡、村城长制办公室，办公室主任由主要同级领导担任，村委会派专人进行日常巡查和维护，对发现的违法行为及时报告，形成了长效保护机制，为充分挖掘古城墙历史价值、文化价值和经济价值奠定了坚实基础。

【典型意义】

针对不可移动文物在经济快速发展背景下保护不力的问题，检察机关综合运用“益心为公”志愿者平台、卫星定位、无人机航拍等办案新手段展开调查，通过制发检察建议、提起诉讼的方式督促职能部门依法履职，通过公开听证推动党委政府正确面对历史遗留问题，建立长效工作机制，聚多方合力破解文物保护难题，取得了良好的政治效果、法律效果和社会效果。

6. 河南省范县人民检察院督促保护晋冀鲁豫野战军旧址行政公益诉讼案

【关键词】

行政公益诉讼　革命文物　协同治理

【要旨】

针对行政机关疏于管理导致革命文物濒临灭失的情形，经检察建议程序督促行政机关未有效整改的，检察机关应依法提起行政公益诉讼，并综合考虑法定职责、履职能力、履职行为，审查判断行政机关未依法全面履职的抗辩事由是否成立。检察机关应持续跟进监督推动协同治理，促进红色资源的保护、管理和利用。

【基本案情】

晋冀鲁豫野战军指挥部旧址（以下简称旧址）位于河南省范县白

衣阁乡白衣阁村，是解放战争时期晋冀鲁豫野战军强渡黄河、千里跃进大别山的谋划地、出发地，在中国革命战争史上具有里程碑意义。2019年10月7日，旧址被列为第八批全国重点文物保护单位。2020年12月25日，旧址被认定为河南省第一批不可移动革命文物。由于年久失修，旧址建筑物自然毁损严重，周边环境杂乱，存在灭失风险。

【调查和督促履职】

2022年5月，河南省范县人民检察院（以下简称范县院）在开展红色文物保护专项活动中发现旧址因年久失修濒临灭失的案件线索，于2022年5月30日立案。

范县院通过查询档案、走访调查、现场勘验等方式查明：旧址始建于清末，是一座坐西朝东的典型豫东北风格的平房四合院，砖木结构，墙体系砖包土坯墙，建有北房四间、南房四间、西房三间、东房四间共十五间。抗日战争时期，旧址所在地是冀鲁豫边区的政治、军事、经济、文化中心，曾被誉为“钢铁濮范观”。1946—1947年间，旧址是刘邓大军强渡黄河的前沿指挥所，是晋冀鲁豫野战军党委、行署和军分区司令部驻地，刘伯承、邓小平曾在此居住和办公。北房为会议室和刘伯承居住室，南房为作战指挥室和邓小平居住室，西房为军需管理室，东房为通讯室。旧址房屋主体面临倾覆危险，部分房屋房顶坍塌，檩条虫蛀严重，墙体破裂，地面沉降不平。院内荒草满地，院外遍布生活垃圾。有关部门未设立专门保护机构，未设专人巡视看护。旧址长期闭馆无人参观，未得到有效管护利用。

2022年8月23日，依据文物保护法第八条第二款等规定，范县院向范县文化广电旅游体育局（以下简称范县文广局）发送检察建议，建议其对旧址进行修缮保护，优化提升周边环境。2022年10月21日，范县文广局书面回复称已制定整改方案，对旧址内外环境进行了优化提升，采用防水布覆盖房顶垮塌处等临时性保护措施，并申请专项资金。

此后，范县院多次督促范县文广局整改。2023年5月，范县院发现旧址屋顶破损加剧，北房、南房屋顶各新增坍塌一处，文物本体灭失风险加剧。

【诉讼过程】

2023年6月9日，范县院依法向范县人民法院（以下简称范县法院）提起行政公益诉讼，诉请判令范县文广局依法全面、充分履行管理、修缮和保护职责。2023年6月28日，范县法院公开开庭审理本案。范县文广局辩称，已联合属地政府对周边环境进行优化，正申请专项资金，并以资金未全部到位作为抗辩事由，辩称其履职存在客观不能。范县院采取多媒体示证证明：旧址经检察建议程序督促后仍缺乏常态化管理保护，房顶垮塌面积持续扩大；范县文广局未采取有效措施，未依法全面履职，行政机关内部资金审批程序没有完成非法定免责事由。经审理，范县法院当庭判决支持范县院的全部诉讼请求，判令范县文广局于判决生效之日起九十日内对旧址履行保护管理职责。判决生效后，范县院持续跟进监督，督促范县文广局积极履职，按照修缮方案对旧址房屋毁损的主梁、坍塌的屋顶进行更换和修复，对门窗、檩条、墙体进行全部修缮，对周边进行地面硬化、绿化、美化。

范县院会同文广旅体、国防教育等四部门联合开展革命文物保护专项监督，开展系统性、整体性治理，共排查、解决革命文物保护存在的问题23个，协调当地财政支持2000余万元用于革命文物修缮保护，争创省级爱国主义教育基地。联合文广旅体、应急救援等六部门研究制定《革命文物风险防范和协同保护工作意见》，形成长效预防、管理、保护机制。联合文广旅体、教育等六部门制定《关于革命文物传承利用工作办法》，激活革命文物传承利用，不断深化爱国主义和国防教育宣传工作，先后有2万余人实地参观接受教育，将当地抗日战争、解放战争时期有关革命文物一体纳入红色旅游专线，收到良好的管理、保护、利用效果。

【典型意义】

检察机关在办理文物保护领域公益诉讼案件时坚持“预防性保护”理念，文物本体及风貌存在被侵害危险的，及时启动检察建议程序督促文物行政主管部门履职，其未依法全面履职造成文物濒于毁损灭失的，检察机关依法提起诉讼。判决生效后，检察机关持续跟进监督，推动协同治理，通过开展专项监督活动、制定联合保护利用文件，既把红色资源保护起来，又让红色资源发挥作用“活起来”“用起来”。

7. 江苏省淮安市淮安区人民检察院督促保护吴承恩墓行政公益诉讼案

【关键词】

行政公益诉讼　文物保护　责任认定　撤回起诉

【要旨】

行政机关未依法履职造成文物受损、涉及多个监管部门的，检察机关应调查确定具体责任部门，依法督促履职。

【基本案情】

吴承恩墓位于江苏省淮安市淮安区石塘镇二堡村，1981 年 8 月被文物专家发现，2006 年 6 月被江苏省人民政府公布为第六批省级文物保护单位，是研究吴承恩历史生平和西游文化的重要文物古迹，也是传承中华优秀传统文化的重要载体。但由于长期缺乏专业管护，吴承恩墓园地面、四方亭顶部木结构破损严重，园内杂草丛生，砖石牌坊损坏。

【调查和督促履职】

2023 年 5 月 4 日，江苏省淮安市淮安区人民检察院（以下简称淮安区院）接到群众举报的本案线索后，通过实地走访、无人机航拍等方式进行初步调查，同年 5 月 12 日立案。

经调查查明：2006 年，江苏省淮安市楚州区人民政府（现江苏省淮安市淮安区人民政府，以下简称区政府）制定吴承恩墓文物保护责任通知书，明确江苏省淮安市楚州区马甸镇人民政府（现江苏省淮安市淮安区石塘镇人民政府，以下简称石塘镇政府）为文物保护主体责任单位，江苏省淮安市楚州区文化局（现江苏省淮安市淮安区文化广电和旅游局，以下简称区文旅局）负责监督和指导。2020 年以来，区文旅局针对吴承恩墓及其配套设施长期无人管护、破损严重的问题，提请江苏省淮安市文物局委托专业机构制作吴承恩墓修缮方案，并先后 3 次制发《关于做好文物保护工作的函》，督促石塘镇政府实施修缮。石塘镇政府一直未履行文物保护职责，导致吴承恩墓持续处于受损状态，损害国家利益和社会公共利益。2023 年 6 月 5 日，淮安区院根据《江苏省文物保护条例》第三条第一款、《淮安市文物保护条例》第四条第四款等规定，向石塘镇政府制发检察建议，建议其履行文物保护监管职责，完成吴承恩墓修缮保护工作。两个月整改期满后，石塘镇政府未进行整改，亦未书面回复检察机关。

【诉讼过程】

2023 年 8 月 25 日，根据江苏省淮安市人民检察院（以下简称淮安市院）指定管辖，淮安区院依法向江苏省盱眙县人民法院（以下简称盱眙县法院）提起行政公益诉讼，诉请确认石塘镇政府怠于履行辖区内文物保护职责的行为违法，并要求其依法对吴承恩墓采取保护、修缮等措施。同年 10 月 6 日，石塘镇政府启动吴承恩墓修缮工作，同年 11 月 9 日通过文物保护部门验收。

2023 年 11 月 20 日，石塘镇政府向淮安区院提出撤回起诉请求。2023 年 11 月 24 日，淮安市院批复认为，石塘镇政府已依法履行文物修缮保护职责，检察机关诉讼请求全部实现，同意对该案撤回起诉，并要求在撤回起诉前邀请文物专家等特定人员对公益损害修复效果进行听证。

2023 年 11 月 29 日，淮安区院在吴承恩墓所在地二堡村村委会召开公开听证会，邀请人大代表、政协委员、文物主管部门代表、“益心为公”志愿者等参加听证，实地查看吴承恩墓修缮情况，听取文物修复专家意见，评估整改效果。听证认为，石塘镇政府已严格按照文物保护修复规范完成吴承恩墓修缮保护工作，并书面确认原行政行为违法，诉讼请求已经全部实现，建议检察机关撤回起诉。经淮安区院申请，同年 12 月 15 日，盱眙县法院同意撤回起诉。

为进一步加强文物保护，2023 年 9 月 20 日，淮安区院协同相关职能部门开展“公益诉讼助力古城保护”专项行动，推动相关部门巡查文物保护单位 70 处、修缮市级以上文保单位 4 处、争取文物保护资金 4000 余万元。同时淮安区院助力构建“检察+政协+行政”的文物综合保护工作格局，与淮安区政协建立文物保护类检察建议与政协提案双向转化协作机制，将 2 件文物保护类公益诉讼检察建议纳入 2024 年度淮安区政协提案，推动区政府出台《关于进一步明确淮安区文物保护职责的通知》，重新界定吴承恩墓、关天培墓、汪达之墓等 10 处历史文化名人墓葬保护职责，确定相关行政机关文物保护责任清单。

【典型意义】

名人墓葬是不可再生的文物资源，对于传承、弘扬中华优秀传统文化具有重要价值。检察机关依法开展名人墓葬文物公益保护时，应区分相关行政机关职责范围和具体履职内容，确定监督对象。针对行政机关被提起行政公益诉讼后依法履职、诉讼请求全部实现的情形，组织听证评估其整改成效，同时以常态机制巩固治理成效，既以“诉”的方式体现检察监督的刚性，也为传统历史文化保护探索出共建共治共享新路径。

8. 广东省江门市新会区人民检察院督促保护涉侨文物行政公益诉讼案

【关键词】

行政公益诉讼检察建议　涉侨文物保护　非国有未定级不可移动文物　跨国“云听证”　社会捐赠

【要旨】

涉侨文物是中华民族珍贵的文化遗产，因其产权非国有、保护级别低、修缮资金筹集难等原因面临保护困境。检察机关充分履行公益诉讼职能，通过磋商、检察建议、跨国“云听证”等方式，督促有关职能部门依法全面履行职责，探索公益诉讼监督下的多元化文物修缮路径。

【基本案情】

广东省江门市新会区是著名侨乡，华侨文化资源丰富，其中，以华侨旧居、侨捐建筑、侨办工商业遗址为代表的涉侨不可移动文物，大多是尚未核定公布为文物保护单位的不可移动文物和非国有不可移动文物，保护级别较低。侨胞侨眷因长居海外，难以及时有效管理维护，涉侨文物不同程度存在年久失修、环境脏乱、安全设施不足等问题，国家利益和社会公共利益受到损害。

【调查和督促履职】

2022年1月以来，江门市新会区人民检察院（以下简称新会区院）通过调取文物档案资料、侨捐项目名录、现场走访调查等方法，排查出辖区内共有9处涉侨不可移动文物保护状况不佳，其中在1929年由华侨捐资建设的梅阁码头旧址，由梅阁村委会作为集体资产进行日常管理和维护，已出现地基沉降、梁柱开裂、墙面剥落等现象，一旦损毁将造成难以恢复的文化资源损失。

2022年1月6日、1月7日、3月28日，新会区院先后对负有文物保护工作职责的新会区文广旅体局以及属地的沙堆镇、古井镇、罗坑镇、司前镇、大泽镇人民政府立案。立案后，新会区院组织上述行政机关针对涉侨不可移动文物数量大、产权复杂、修缮费用高、开发难度大等情况进行磋商，厘清监管职责。4月1日，为有效凝聚行政机关与社会各界在涉侨文物保护利用方面的智慧和共识，新会区院举行公开听证，通过“检侨联络站”邀请海外爱国侨领和涉侨领域工作专家参加，海外侨领以视频连线方式参与听证，代表海外侨胞发表意见。同日，新会区院向负责具体整改工作的属地镇政府以集中公开宣告的方式送达检察建议书，与区文广旅体局形成磋商意见。属地镇政府收到检察建议书后，在区文广旅体局的指导下对上述9处文物开展基础维护修缮、设施升级改造和周边环境整治，并加强了有关文物的宣传介绍。2023年10月18日，新会区院联合区委统战部、区文广旅体局签署了《关于加强涉侨文物保护工作的协作机制》，进一步实现涉侨文物保护工作制度化、常态化。

在行政机关履职同时，为助力解决修缮资金不足问题，新会区院通过江门市侨媒中心等媒体宣传涉侨文物保护工作，获多国侨媒转发报道。梅阁乡亲联谊会得知后积极发动海外华侨捐款，总额超过180万元，极大弥补了修缮资金缺口。2023 年底，梅阁码头旧址修缮工程完成后，成为了江门侨胞回乡热门打卡点。参加听证会的海外侨领向新会区院发来亲笔信，代表海外侨胞深情寄语检察公益诉讼工作。

【典型意义】

涉侨文物是联系海外侨胞共享中国梦的文化纽带，但由于文物保护级别低，且产权主体身居海外、产权复杂等因素，无法及时有效管护。检察机关通过“检侨联络站”，创建线上办案通道，突破办案时空限制，通过跨国“云听证”，既为海外侨胞表达心声提供便捷途径，又向世界展示了检察公益诉讼职能作用。检察机关通过公益诉讼引入社会捐赠和管护力量，将督促行政机关能动履职、引导社会力量多元参与、传承发展捐赠文化等有机融合，探索破解涉侨文物管理维护困难的有效途径，从而守护海外侨胞“根、魂、脉”，具有独特的国内国际双重意义。

新类型疑难案例选评

申请人曹某某与被执行人尹某某民间借贷纠纷执行案

柯澄川* 陈旻茜**

【裁判要旨】

附期限履行的生效法律文书，因义务人极短时间内迟延履行违约而引发的申请执行案件，人民法院在执行中作实质性审查是否构成根本性违约及有无履行完毕，力求避免程序空转，遵循公平原则和诚信原则，体现法律效果与社会效果相统一的基本导向，予以驳回执行申请，并赋予当事人复议权利或另诉解决争议的救济途径。

【基本案情】

原告曹某某与被告尹某某等民间借贷纠纷一案，浙江省台州市黄岩区人民法院（以下简称黄岩法院）于2020年1月7日作出（2019）浙1003民初5548号民事判决书，判决内容如下：（1）被告尹某某于本判

* 作者单位：浙江省台州市黄岩区人民法院。
** 作者单位：浙江省台州市黄岩区人民法院。

决生效之日起十日内归还原告曹某某借款476667元，并支付从2018年8月17日起至确定履行之日止的利息（其中本金26万元按月利率2%计算，本金216667元按月利率1.5%计算）；被告罗某某对上述款项承担连带偿还责任，被告罗某某代偿后，有权向被告尹某某追偿。（2）被告尹某某于本判决生效之日起十日内归还原告曹某某借款173333元，并支付从2018年8月17日起到确定履行之日止按月利率1.5%计算的利息；被告黄某某对上述款项承担连带偿还责任，被告黄某某代偿后，有权向被告尹某某追偿。（3）驳回原告曹某某其他诉讼请求。被告尹某某不服该判决，上诉至浙江省台州市中级人民法院后，双方于2020年4月3日达成（2020）浙10民终618号民事调解协议，约定：（1）上诉人尹某某自愿向被上诉人曹某某还款人民币83.8万元，款项采取分期付款方式支付：2020年4月30日起至2022年7月30日，每月30日前支付3万元（2月为该月最后一天前）；另2.8万元，于2022年8月30日前支付，款项付至曹某某银行账户（账号：××××××××；开户行：××××××××）。上诉人按约付款，双方本案纠纷了结。（2）若上诉人尹某某未按期足额付款，被上诉人曹某某有权按照原审判决（但需扣除已还款）向原审法院申请执行。

上述民事调解书生效后，尹某某自2020年4月30日至2022年7月30日期间，合计还款28期83.8万元，即已按（2020）浙10民终618号民事调解书第一条确定的款项履行完毕。尹某某在28期还款中于2020年7月31日（第四期）、2021年8月31日（第十七期）分别逾期21分33秒、7小时6分15秒，其余每月均按民事调解书约定按期足额还款。2022年8月4日，申请执行人曹某某以被执行人尹某某逾期还款为由向黄岩法院申请立案执行，要求被执行人尹某某按（2019）浙1003民初5548号民事判决书确定的金额扣减已付款项再偿还30万元及以后产生的利息。

【裁判结果】

黄岩法院执行立案后，于 2022 年 8 月 18 日作出（2022）浙 1003 执 2526 号执行裁定书，裁定驳回本案申请执行人曹某某的执行申请。申请执行人曹某某对该裁定不服，提起复议，台州市中级人民法院于 2022 年 9 月 30 日作出（2022）浙 10 执复 80 号执行裁定书，裁定驳回曹某某的复议申请，维持黄岩法院（2022）浙 1003 执 2526 号执行裁定。

【裁判理由】

法院生效裁判认为：对于当事人履行民事调解书时，其中某一两期因故逾期履行，在民事调解书履行完毕后，申请执行人要求按违约条款予以强制执行的问题应当作具体分析：（1）对履行瑕疵要区分是否有客观原因导致延期履行，如因银行转账迟延等非被执行人原因造成款项迟延支付，则不应认定被执行人不履行或不完全履行生效法律文书；（2）应从被执行人的主观方面判断其是否积极履行义务，一般不应把极短时间如一日内的迟延履行情形视为其不履行生效法律文书；（3）如被执行人前期存在迟延履行情形，债权人领受且未提出异议，而仅在最后一期履行完毕后提出的，显然与社会主义核心价值观的诚信要求相悖，人民法院不应支持债权人提出的执行申请。对于本案被执行人的履行瑕疵，其逾期时间极短，不宜认定被执行人存在拒绝履行的主观故意；且第一次迟延履行瑕疵距今已逾二年，第二次迟延履行瑕疵距今已近一年，申请执行人曹某某在当时默认接受逾期还款且未提出异议，并对后续被执行人尹某某的还款予以领受，现被执行人尹某某已按（2020）浙 10 民终 618 号民事调解书第一条确定的还款总额 83.8 万元全额还款后，申请执行人曹某某又以被执行人逾期还款为由要求按（2019）浙 1003 民初 5548 号民事判决书确定的金额扣减已付款项再偿还 30 万元及以后产生的利息，向法院申请立案执行，显然有违诚信。

台州市中级人民法院作出的（2022）浙 10 执复 80 号执行裁定书认为：本案的争议焦点是黄岩法院裁定驳回复议申请人的执行申请是否正确。已生效的（2020）浙 10 民终 618 号调解书系本院对当事人达成的和解协议的确认，当事人应依调解书确定的内容履行义务。《最高人民法院关于执行和解若干问题的规定》确立实质履行原则作为和解协议是否履行完毕的审查标准，对执行和解协议履行完毕后申请恢复执行的，裁定不予恢复。民事调解书虽然不等同执行和解协议，但本质上也是当事人达成的协议，因此本案被执行人尹某某是否实质性履行完毕调解书确定的内容以及是否应当启动民事调解书第二条的执行，均可参照上述执行和解相关方面的规定进行审查。首先，关于逾期付款。被执行人在总共二十八期的分期履行中，有两期延期履行，分别是 2020 年 7 月 31 日支付第四期款项逾期 21 分 33 秒和 2021 年 8 月 31 日支付第十七期款项逾期 7 小时 6 分 15 秒。但根据查明的事实，复议申请人在被执行人先后两次逾期履行后，均未向被执行人提出终止调解书第一条履行的意见或直接向人民法院申请强制执行，而是直到被执行人在 2022 年 7 月 30 日按调解书第一条约定履行完毕以后，才向黄岩法院申请强制执行调解书第二条的内容，此时距离第一次迟延履行已逾二年，距离第二次迟延履行也已将近一年。按照常理，权利人认为义务人延期履行构成违约的，应该及时向人民法院申请强制执行。因此，可以认为复议申请人是以实际行为认可了被执行人的两次延期履行。现被执行人已在复议申请人申请执行之前履行了调解书第一条约定的全部 83.8 万元付款义务，故被执行人在付款上虽有事实上的逾期，但不宜就此简单认定被执行人构成实质上的逾期履行。其次，关于公平原则。本案民事调解书第二条是附条件条款，目的是促使被执行人主动履行生效法律文书的义务，具有惩罚性。诚然，被执行人在履行上确实存在瑕疵，应认识到自己过错的存在，但这些瑕疵尚不足以启动调解书第二条约定的惩罚性条款的执行。主要基于以下理由：第一，民事主体在民事活动中应维持双方的利益平衡，对于义务人的瑕疵履行，在执行程序中能否启动执行附条件条款，应从保护权利人利益出发的同时，兼顾义务人的利益。本案中，被执行人的履行虽有事实上的逾期，但逾期的时间都不足一日，应属极短的时间，复议申请人对此应予谅解，而不是一味要求启动惩罚性条款。第二，按照复议申请人计算，调解书第二条确定的惩罚性条款与第一条相比，履行金额差距多达 30 余万元。被执行人在总共二十八期分期履行中仅有两期逾期履行，且逾期时间均未超过一日，被执行人的瑕疵履行程度与复议申请人损失的严重程度极其不对等，适用惩罚性条款有违公平合理原则。

[评析]

对附期限履行法律文书瑕疵履行的执行申请应作驳回处理

一、执行中对瑕疵履行争议作实质性审查的考量

（一）执行机构力量能保障实体性审查的公正与效率要求

对执行程序中涉及实体权利义务争议的处理，学界和实务界已达成共识，认为执行程序中产生实体权利义务争议的审判权力属于民事审判权的范畴。2007 年民事诉讼法修改后，明确了执行程序中实体权利的审查事项由审判权处理，将实体权利争议的判断权从执行权中剥离，包括案外人异议之诉、分配方案异议之诉、申请执行人许可执行之诉、债权人代位析产之诉等由相应的民事审判庭按诉讼程序进行审理，体现了审执分离的制度效果。但是执行程序仍不可避免要对存在或产生的实体问题进行审查裁决。执行实践中，执行机构已实际行使部分裁决职能，

如对终结本次执行程序、终结执行，对仲裁裁决和赋强公证债权文书的真实性、合法性审查及不予执行裁决、对妨害民事执行行为作出制裁决定等事项，大多既涉及程序问题，又涉及查明案件争议事实并依法作出裁决的问题。[①] 而近年来，法院执行工作发生了历史性变化，取得了跨越式发展，各级法院也不断加强执行队伍建设，优化人员结构，充实执行力量，审判业务人员频繁交流至执行机构，许多都是有着法学理论功底，谙熟民商事实体法和程序法的员额法官[②]，具有足够能力胜任判断实体权利及保障当事人的程序性权利。各地法院不断探索实践的执行重大事项合议制度、执行听证制度以及执行专业法官会议制度，通过有效发挥凝聚法官集体智慧，防止法官个人专断、减少对法律理解的偏见和适用的不确定性，限制裁决权不当行使或滥用，抵御内外部干预、预防司法腐败等功能，确保了执行程序中进行实体性审查的公正与效率。

（二）有助于破解“程序空转”现象问题

从审判到执行全周期流程，有一审、二审、再审、执行、执行异议、异议之诉等程序，每增加一次程序，就会衍生一个案件。而“走程序”、就案办案、机械司法等原因导致审判执行程序反复、程序空转等问题已成为司法领域的“顽瘴痼疾”，不但影响人民群众的司法获得感，也损耗更多的司法资源。如对事实清楚、争议不大的实体争议问题僵化理解，在执行程序中不作实质审查及判断，径行引导当事人另行诉讼解决，则不仅加重当事人的讼累和负担，损耗司法资源，更会积累当事人负面情绪，激化人案矛盾，引发风险隐患。因此，本案合议庭积极担当、善作为，对瑕疵履行争议进行实质性审查，最终裁定驳回执行申

① 参见柯澄川、王亚红：《对被执行人与他人共同共有的房产可裁定份额后拍卖》，载《人民司法·案例》2018年第32期。

② 参见肖建国：《中国民事强制执行法专题研究》，中国法制出版社2020年版，第74页。

请，并赋予当事人申请复议权利或另诉救济途径，力求用最少程序、最短用时、最好效果解决争议问题，实现办案质量、效率和效果的有机统一。

二、本案迟延履行不构成根本性违约的判断

民法典第五百六十三条第一款规定了合同的法定解除，明确了对方当事人的违约必须是致使不能实现合同目的的根本性违约。《全国法院民商事审判工作会议纪要》第四十七条也确立了轻微违约下限制约定解除权发生的规则，规定若违约方的违约程度显著轻微，不影响守约方合同目的的实现，守约方请求解除合同的，人民法院依法不予以支持。关于“显著轻微”的认定，司法实践中大多考量以下三个因素，一是是否补正履行；二是义务违反程度；三是因合同关系产生的既有投入。本案中，首先，被执行人在第二十八期分期履行期间仅有两期迟延还款，其余第二十六期款项均按期足额还款，直至付清了民事调解书约定的债务，申请执行人均予以领受，也未对两期迟延还款提出异议或要求终止履行民事调解书第一条约定，并按一审判决向人民法院申请立案执行。有鉴于此，应视为申请执行人已认可被执行人对其瑕疵履行予以补正履行；其次，被执行人仅在第四期款项逾期 21 分 33 秒和第十七期款项逾期 7 小时 6 分 15 秒还款，其履行义务的违反程度明显较小；再次，执行法院向申请执行人告知被执行人提出异议，并允许其补交证明材料，但申请执行人却未能提供因被执行人迟延还款而造成相关损失的证明。综上所述，足可认定被执行人违约程度显著轻微，属于瑕疵履行，并不构成根本性违约，不影响民事调解书的目的实现。被执行人已在申请执行人申请立案执行之前履行完毕该民事调解书第一条约定的全部 83.8 万元付款义务，参照《最高人民法院关于执行和解若干问题的规定》第十一条的规定，人民法院应当不予支持申请执行人按一审判决向人民法院申请强制执行的请求。

三、诚信原则和公平原则在本案中的适用

就本案而言，在民事调解书分期履行期间，当被执行人两次迟延履行后，申请执行人在当时接受迟延还款且未提出异议，也并未提出终止民事调解书的履行及向人民法院申请立案执行，并默认被执行人继续履行剩余款项予以领受，可以认为申请执行人是以实际行为认可了被执行人的两次迟延履行。在被执行人已按民事调解书第一条确定的还款总额 83.8 万元全部履行完毕后，申请执行人又以被执行人逾期还款为由要求按一审民事判决书确定的金额扣减已付款项再偿还 30 万元及以后产生的利息，向法院申请立案执行，显然有违民法典规定的诚信原则。而社会主义核心价值观中对个人价值追求的"诚信"要求，不仅局限于合同关系，更强调人们应诚实劳动、信守承诺、诚恳待人，强调公民之间应该相互尊重、互相理解、互相帮助，友好和睦，努力形成社会主义新型的人际关系。有鉴于此，本案驳回执行申请的裁定中对原告申请立案执行的行为也给予与社会主义核心价值观的诚信要求相悖的评价，彰显了人民法院对该类行为在司法领域不应受到支持或鼓励的理念。

公平正义是司法的灵魂和生命，司法实践中应体现公平原则，兼顾各方利益，为合理分配当事人权利义务提供价值指引。本案民事调解书第二条是附条件条款，目的是促使义务人主动履行生效法律文书的义务，系对义务人不履行违约而设置的惩罚性条款。现申请执行人要求终止履行民事调解书第一条约定并按一审判决向人民法院申请强制执行，在被执行人已经履行完毕还款总额 83.8 万元的情形下，还需额外再支付 30 多万元。而本案执行立案及审查中，申请执行人自始至终未有向执行法院提交因上述迟延履行而遭受损失的证据。被执行人在总共二十八期分期履行中仅有两期迟延履行，且逾期时间均未超过一日，被执行人的瑕疵履行程度与申请执行人要求赔偿或惩罚的严重程度明显不对等，适用惩罚性条款显然有违公平原则，故本案遵循公平原则，客观确

定损失，公平界定法律责任，依法驳回申请执行人的执行申请。

四、价值判断、确立促使社会效果和法律效果有机统一

《最高人民法院关于在执行工作中进一步强化善意文明执行理念的意见》进一步明确、推动善意文明执行理念在民事执行领域的适用，要求在依法保障胜诉当事人合法权益同时，最大限度减少对被执行人权益影响，实现法律效果和社会效果有机统一。本案最终调解分为二十八期、二十八个月履行完毕，说明被执行人履行能力有限，虽其存在两期极短时间逾期还款，但其并未表现出消极履行、拒绝履行义务的意思表示。从社会普世价值来看，两次极短时间的逾期还款却承受如此之重的惩罚性违约金实属不对称。在本案执行审查中，执行法官分别向当地人大代表、政协委员、村（社）干部、大学生及其他群众共计三十余人发放了相关调查问卷，其中回收的有效调查问卷中，约95%的人群认为不宜认定为违约而进行强制执行。表明仅仅因为极短时间的逾期就机械认定其违约，将本案推进到强制执行阶段，显然不具有良好的社会效果。故本案在执行过程中实质性地进行价值判断和利益衡量，驳回申请执行人的执行申请，不仅是纠纷解决的本质所在，更是获得社会认同的方式之一。另外，对被执行人极短时间迟延履行而立案进入执行程序的，实务中类案处理的指引欠缺，不仅是审判工作中需要有“示范性诉讼”，执行工作中更需要“示范性执行”。本案裁定驳回执行申请，客观上维护社会秩序、促进经济社会发展、符合和谐社会的发展要求，符合社会主义核心价值观，可以为后续的类案提供参考。

五、驳回执行申请的法条援引及欠缺

关于申请执行的条件，《最高人民法院关于人民法院执行工作若干问题的规定（试行）》（以下简称《执行规定》）第十六条第一款规定了申请执行的实质要件。该条第二款规定，对立案时不符合申请执行

条件的，应当在七日内裁定不予受理。但对执行立案后发现不符合申请执行条件的，民事诉讼法和相关司法解释均未作出规定。仅有最高人民法院印发的司法性文件《关于执行案件立案、结案若干问题的意见》第二十条规定："执行实施案件立案后，经审查发现不符合《最高人民法院关于人民法院执行工作若干问题的规定（试行）》第18条规定的受理条件，裁定驳回申请的，以'驳回申请'方式结案。"但按照《最高人民法院关于裁判文书引用法律、法规等规范性法律文件的规定》的要求，无法直接引用司法性文件作为驳回申请执行的法律依据。当前也只能依据《执行规定》第十六条第一款关于不符合申请执行条件的规定，并参照适用《最高人民法院关于人民法院办理执行异议和复议案件若干问题规定》第二条的规定，关于执行审查案件立案后发现不符合受理条件的，裁定驳回申请。因此，目前裁定驳回执行申请的法条援引尚存在窘境。2022年6月24日，民事强制执行法（草案）吸收了最高人民法院相关司法性文件的内容，在第四十条第二款规定："立案后，人民法院发现执行申请不符合条件的，裁定驳回执行申请。"表明立法机关已关注到上述法律条文漏洞并予以填补。

六、驳回执行申请后的权利救济及完善路径

目前，民事诉讼法对裁定驳回执行申请后，对当事人如何救济并未有明文规定，如对驳回执行申请裁定是提执行异议亦或直接提执行复议均没有明确的法律规定。但参照相关司法解释、实务做法及为提高执行效率、减少"程序空转"来看，申请执行人直接向上一级人民法院提出执行复议更为适宜。首先，《最高人民法院关于人民法院办理仲裁裁决执行案件若干问题的规定》第五条及《最高人民法院关于公证债权文书执行若干问题的规定》第七条均规定，当事人对驳回执行申请裁定不服的，可以自裁定送达之日起十日内向上一级人民法院申请复议。那么上述司法解释规定的执行依据系仲裁裁决、调解书及公证债权文

书，与其他执行案件仅为不同执行依据而已，并无实质差别，故应可以参照适用。其次，执行实务中，对于驳回执行申请裁定一般由三名执行法官合议评议作出，对于案件复杂、争议较大的情形，可能会由合议庭组织启动执行听证程序，进一步查明案件事实，正确适用法律，确保裁决结果公正。可见，在驳回执行申请审查期间，执行法院往往已给予当事人相关程序及实体方面抗辩权利的保障，如由同一执行机构的异议裁决部门再进行一次类似审查，其程序无异重复，属"程序空转"，不利于节约司法资源。因此，人民法院依职权驳回执行申请，申请执行人不服的应向上一级人民法院申请复议。但对于当事人仍应赋予其另行诉讼的救济权利去解决情况复杂、争议较大的实体问题，如《最高人民法院关于执行和解若干问题的规定》第十五条规定："执行和解履行完毕，申请执行人因被执行人迟延履行、瑕疵履行遭受损害的，可以向执行法院另行提起诉讼。"表明最高人民法院在相关司法解释中为解决执行程序中产生的复杂实体问题提供了新的思路。但当事人另诉救济途径只是在没有债务人异议之诉制度下的权宜之计，缺少明确的法律依据，并且还存在与执行强制程序衔接的问题。[①] 公开征求意见的民事强制执行法（草案）第八十八条规定："执行依据生效后，发生消灭或者妨碍或者申请执行人请求的抗辩事由的，被执行人可以在执行程序终结前，以申请执行人为被告，向执行法院提起诉讼，请求不予执行。"该债务人异议之诉制度的创设，表明立法机关积极回应实际司法需求，提供立法的供给，更好地完善了执行救济制度。

综上所述，执行中，当事人就瑕疵履行应否构成违约责任所附条件成就、履行义务是否消灭等问题发生实体争议的，执行部门既要遵循形式审查的原则，防止执行权过于扩张。同时，又要避免机械司法，减少

① 参见刘定鹏：《对执行程序中债务人实体异议的审查》，载《人民司法·案例》2021年第8期。

当事人诉累和负担，防止“程序空转”。对于事实清楚、显著轻微的实体争议，执行部门应在充分尊重、保障当事人的程序及救济权利后，准确把握诚信原则与公平原则，秉持法律效果与社会效果有机统一的理念，对实体争议作出处理。然而此类争议的最优处理，仍亟待未来民事强制执行法创设债务人异议之诉制度，方能更好地解决程序衔接和权利救济等问题。

最新法律文件解读丛书

稿　　约

最新法律文件解读丛书是一套以为最新法律规范提供同步“解读”为主的系列丛书，分为刑事、民事、商事、行政与执行4个分册，按月出版。

本丛书以“解读”为重点，突出全、专、新、快、准等特点，通过对最新出台的法律、法规、司法解释、部门规章以及重要地方性法规进行同步动态解读，弥补了法律、法规、司法解释汇编类出版物没有同步阐释、解读内容的不足，为广大读者学习理解最新法律规范，正确贯彻执行法律文件，及时解决实践中的新情况、新问题，提供一个全方位、多层面的法律信息平台。

欢迎您向以下栏目赐稿：

【最新法律文件解读】主要是对最新颁行的法律文件进行解读，帮助司法和执法人员正确理解法律文件的立法背景、意义、重点内容、在适用中应注意的问题、与相关法律文件的衔接与互动关系等。

【司法实务问题研究】主要刊登对司法理论、实务及司法管理工作中的热点、疑难问题进行研究及评论的文章。

【新类型疑难案例选评】主要是对司法和行政执法实践中具有典型性和代表性的疑难案例，结合具体案情以及审理或处理结果进行简练精辟的点评，解析认识问题的方法、处理问题的法律依据和在个案中的具体适用。

【法学前沿与新视点】以摘要的形式刊登相关法学理论研究的最新动态及具有代表性和典型性的前沿问题，扩展法学研究的深度和广度。

【法律适用问题解答】主要针对司法和行政执法实践中面临的新问题、热点问题、疑难问题进行简要的解答，指出涉及的法律关系，明确法律适用依据。

稿件一经刊用即付稿酬，稿酬从优。

《刑事法律文件解读》　杨晓燕　邮箱：5184621@qq.com

《民事法律文件解读》　杨　洁　邮箱：1216921515@qq.com

《商事法律文件解读》　路建华　邮箱：shangshijiedu@126.com

《行政与执行法律文件解读》　丁寒峨　邮箱：1290312696@qq.com

人民法院出版社

最新法律文件解读丛书编辑部